Nourrir sans dévaster

ÉRIK ORSENNA
de l'Académie française
JULIEN DENORMANDIE

Nourrir sans dévaster

Petit précis de mondialisation VIII

Flammarion

978-2-0804-3341-1

Pour Martine Denormandie, ma grand-mère (Julien).

Pour Loïc Esun, mon oncle bien aimé (Érik),
vendeur et réparateur de machines agricoles
à Quimper (Finistère).

Introduction

Il était une fois deux amis.

Séparés par une grande différence d'âge (trois décennies) mais unis par une passion commune : l'activité qui consiste, depuis dix mille ans, à faire pousser des plantes et à élever des animaux pour que vive l'espèce humaine.

Personnalités logiques, les deux amis avaient choisi des études en rapport avec leur passion.

Le premier, prénommons-le Érik, en apprenant l'économie des matières premières.

Le second, Julien, en devenant ingénieur agronome.

Chère lectrice, cher lecteur, pour ne pas vous faire perdre votre temps, allons à l'essentiel et apprenez qu'Érik nourrissait envers Julien une jalousie tenace. De leur passion commune, l'agriculture, Julien avait été le ministre. Alors qu'à Érik des présidents successifs n'avaient jamais, malgré ses protestations et de solides références, proposé « que » le portefeuille de la Culture.

Est-ce pour calmer la blessure d'Érik que Julien lui offrit d'écrire ensemble un livre ? Ce cadeau est bien dans sa nature généreuse.

Toujours est-il qu'Érik (le jaloux) accepta, d'enthousiasme.

En participant à cette enquête, Érik se guérirait (peut-être) de sa frustration. Après tout, n'était-il pas, aussi, romancier ? Une activité d'accord aussi pauvre en voiture de fonction qu'en possibilité d'action directe, mais riche en curiosité, capacité d'exploration, pouvoir d'alerte et prise de conscience.

Autre cadeau de Julien, sa proposition d'inclure notre futur livre dans mon projet fou d'exploration, cette collection de petits précis de mondialisation (sept tomes parus à ce jour) :

— Érik, regarde ! Depuis près de vingt ans, en étudiant l'eau, le papier, les cochons, les moustiques... tu tournes autour de l'agriculture. C'est le moment de t'y plonger !

Nous nous étions rencontrés, Julien et moi (Érik), au tout début d'une espérance. Un quinquennat venait de passer sans que la France sorte de son sommeil. Nous étions nombreux à nous demander comment mobiliser dans notre pays les forces du Possible. Et voici qu'un jeune homme se présentait, avec un slogan simple, *Révolution*, titre de son livre, qui, au soulagement des raisonnables (et des connaisseurs de l'Histoire), ne proposait que des réformes.

Bref, nous nous étions engagés derrière ce jeune homme.

Six ans plus tard, été 2022, Emmanuel Macron venait d'être réélu président de la République.

C'est alors que Julien et moi avons décidé d'écrire ensemble.

Entre-temps, nos appréciations de la politique menée par les divers gouvernements depuis 2017 avaient divergé. L'un restait confiant. L'autre se faisait, au fil des mois, de plus en plus critique. Et finit par retrouver une famille bien mal en point, mais qui était sa famille, celle qu'on appelle Social-Démocratie.

C'est sur la base de ce franc, profond, croissant, fertile car très assumé désaccord politique (la croyance en la possibilité d'un *En même temps* ou la conviction que seule *l'Alternance Droite / Gauche* permet à une société de rester unie) que nous avons pris la route. Pour un voyage au cœur de cette activité qui s'appelle… nourrir. Activité essentielle s'il en est (privé d'aliment, qui survit ?) et pourtant source de toutes les contradictions, la plupart du temps mortifères.

Quelle plus insupportable réalité que la nécessité, de plus en plus aiguë, dans la sixième puissance économique mondiale, de « Restos du cœur » ? Comment est-il possible que tant de gens aient faim, chez nous, au milieu de tant de richesses… et de tant de gaspillage ? Pourquoi, sur notre planète, la plupart des affamés sont-ils des… agriculteurs, c'est-à-dire des producteurs de nourriture, mais privés de terres ou contraints de sacrifier les cultures vivrières pour développer l'exportation ?

Autant de révoltants paradoxes, qui ne sont pas les seuls.

Nous aimons le pain, mais ne chérissons guère les céréaliers.

Nous aimons les vaches, mais condamnons les éleveurs.

Nous répétons adorer manger, mais accordons de moins en moins de temps et d'attention à notre alimentation, comme en témoigne l'augmentation en flèche de l'obésité et du diabète.

Ce matin de la fin mai 2023, je (Érik) accompagnais Philippe, mon voisin agriculteur. Régulièrement, adepte des « circuits courts », il livre ses légumes à quelques habitués. Une femme nous attendait sur le pas de sa porte. Enceinte, la trentaine, clope au bec. Elle pointa son index droit vers les artichauts de mon ami : « Tu me jures qu'ils ne sont pas traités et que tu ne vas pas m'empoisonner ? »

L'agriculture se trouve au cœur de ces contradictions, qui, ne nous le cachons pas, sont aussi les nôtres car, tant bien que mal, elle s'efforce de répondre à nos attentes. Oui, l'agriculture, ou si vous préférez « les agricultures » tant diverses sont les manières de nourrir, oui l'agriculture se trouve confrontée à toutes sortes d'injonctions contradictoires, à commencer par celle-ci, la première et qui va décider de notre avenir : comment nourrir (de plus en plus d'êtres humains) sans dévaster (une planète, la nôtre, de plus en plus fragilisée) ?

Pour comprendre, au plus près, les choix, souvent douloureux, auxquels se confrontent quotidiennement les agriculteurs, nous avons pris le train, le bateau, et, pardon pour notre bilan carbone, parfois aussi quelques aéroplanes.

Bons voyages !

Voici l'Ukraine et ses immensités, l'Égypte et sa passion millénaire pour le pain, le Brésil et sa sauvagerie, la Chine et sa folie des grandeurs. Voici aussi l'Eure-et-Loir, le Cantal, la Bretagne et notre Vendée profonde pour visiter certaines fermes du possible et un lycée magique où se préparent les générations futures. Bienvenue aux pays de la Recherche où vous attendent certains robots vraiment serviables et de nouvelles espèces végétales bien moins gourmandes en eau. Salut à la viande de synthèse, au risque de vous en dégoûter à tout jamais. Et tendez bien l'oreille, des penseurs de légende vont vous parler : Maximilien de Béthune, alias duc de Sully (1560-1641), Turgot (1727-1871), le Contrôleur général des finances, Ricardo (1772-1823), l'économiste et théoricien du Grand Commerce, Robert Schuman (1886-1963), le père de l'Europe, et notre centenaire bien aimé, Edgar Morin, explorateur, implacable et malicieux, de la complexité.

Quelle personne mal informée a décrit un jour la Vie comme un long fleuve tranquille ? À tous les niveaux, celui de notre existence personnelle comme celui des sociétés, la Vie n'est que déséquilibre, précaires compromis, accords provisoires, croisée des chemins.

I

ACCORDER DE MOINS EN MOINS DE VALEUR À L'ESSENTIEL, LE MOTEUR MÊME DE NOTRE VIE : L'ALIMENTATION

De même que l'amour se nourrit des histoires d'amour et se dessèche et meurt sitôt qu'il en est privé, de même l'alimentation n'est plus que triste chimie dès que s'oublient son histoire et sa géographie.

Impossible d'inventorier nos contradictions sans nous rappeler quelques-unes des belles histoires d'avant le temps de la discorde, le temps où l'alimentation était l'élément central de notre vie, le temps où les aliments façonnaient nos civilisations.

La force de la vie

Petit, j'ai (Julien) passé de longs moments chez mes grands-parents, dans leur maison en Normandie, près d'Argentan, dans l'Orne. Ils avaient connu les drames d'une vie marquée par la guerre, la perte d'un père mort au combat, celle d'une fille emportée par la maladie. Une vie pourtant heureuse qui trouvait souvent le réconfort dans la religion. Ma grand-mère, en me couchant, me proposait toujours « la prière du soir ». Je m'exécutais autant pour ne pas la contrarier que par curiosité : du haut de mes sept ans, je ne savais ni de près ni de loin si Dieu existait – je ne suis du reste pas sûr de le savoir plus aujourd'hui.

Les messes du dimanche dans l'église de ce petit village de 2 000 âmes m'ont marqué à jamais. Bailleul portait encore les stigmates de la Seconde Guerre mondiale. Dans les forêts, il était courant de retrouver obus et munitions laissés là par la bataille de Falaise, quelques jours après le débarquement de juin 1944.

L'église semblait immense par rapport à la maigre foule qui s'y retrouvait. Le renouvellement était pauvre, le vieillissement certain. Comme tous les dimanches, avant de rejoindre, moi aussi, la communauté des communiants, j'observais avec jalousie ceux qui pouvaient aller manger le corps du Christ, l'hostie. Une jalousie certainement mêlée de gourmandise, tant la messe peut paraître longue pour un jeune garçon, surtout à l'approche du déjeuner.

Cette hostie, c'est du pain. Une recette ancestrale, issue de la tradition juive, un pain sans levain. C'est ce pain que le Christ partagea lors de son dernier repas avec ses douze apôtres, à la veille de sa crucifixion, ce pain qu'il donna à ses disciples, en disant : « Prenez, mangez, ceci est mon corps », ce pain qui est devenu l'élément central de l'un des sept sacrements de l'Église catholique : l'Eucharistie. Le pain a pris alors une dimension cultuelle dans nos sociétés. Il y a peu, il était encore courant d'y dessiner une croix avant de le manger.

Quand je demandais à ma grand-mère si Dieu existait, elle me répondait : « Oui, c'est cette force de la vie que tu ressens en toi. »

J'avais beau reposer soir après soir, prière après prière, la même question, j'avais toujours la même réponse : « Il existe ! Cette force de la vie… » Je ne comprenais pas.

Alors, un soir ma grand-mère m'emmena dans la cave, où le soleil parvenait juste à se faufiler entre les planches de bois. Elle se pencha vers le bac à pommes de terre ramassées dans les champs.

Ma grand-mère en prit une : « Regarde-la. Avec peu de lumière et un peu d'humidité, elle est en train de germer et de se transformer en plante. C'est cela, la force de la vie. Germer à partir de presque rien. »

Depuis lors, je repense à ma grand-mère. Je ne suis pas sûr que sa leçon m'ait donné une véritable réponse à la question de l'existence de Dieu. Ce qui est certain, c'est que la germination m'a appris la Vie.

L'histoire du blé ou celle des origines

La « mondialisation » est une invention ni récente ni humaine. Bien avant l'arrivée des bipèdes sur notre planète, les plantes avaient montré l'exemple. Êtres *vivants*, tout comme nous, elles n'étaient pas plus capables que nous de résister à l'appel, irrépressible, du voyage.

Ingénieur horticole, paysagiste et jardinier, le grand Gilles Clément a relaté leurs parcours dans un livre magnifique, digne de l'*Odyssée* : *Éloge des vagabondes*[1]. Vous y trouverez racontées, par exemple, la dérive des cocotiers, l'invasion des ajoncs en Nouvelle-Zélande, l'implantation européenne de l'arbre à papillons (*buddleia davidii*, du nom de l'abbé l'ayant rapporté de Chine)… Portées par le vent, entraînées par les rivières ou les courants marins, collées aux sabots ou transportées par des amateurs de

1. Gilles Clément, *Éloge des vagabondes. Herbes, arbres et fleurs à la conquête du monde*, NiL Éditions, Paris, 2002.

nouveautés botaniques, les graines ont franchi toutes les frontières.

Non seulement celles qui n'existaient pas encore (entre les territoires), mais celles, aussi, qui séparent les espèces.

Qu'est-ce qu'une *hybridation naturelle* ? La fécondation de l'ovule d'une plante par le pollen d'une autre. Il suffit d'un souffle, la plus légère des rafales. Le rendez-vous du hasard.

Si les deux plantes appartiennent à deux espèces différentes mais compatibles, il est donné naissance à une nouvelle espèce. Alléluia, jouez hautbois, résonnez musettes, la Vie vient de gagner en diversité.

C'est ainsi que ne cessa de se multiplier, au long de temps infinis, l'immense famille du blé.

Quel est l'ancêtre premier, le créateur qui fit souche ? Difficile de remonter jusqu'à lui. Réponse elle aussi incertaine. À l'exemple du Nil et du Niger, les sources gardent jalousement leurs mystères.

D'après les dernières découvertes, il s'agirait de l'*engrain sauvage*.

Arrêtons-nous un instant sur ce mot, le plus pertinent qui soit : cette plante porte des grains, on l'appellera donc *engrain*. Les engrains ne se ressemblent pas tous, certains de leurs épis portent un grain, les autres deux.

Par une belle journée d'il y a cinq cent mille ans, un petit coup de vent transporte le pollen d'un engrain jusqu'à l'une de ses cousines jusqu'alors rétive à tout rapprochement. De cette *hybridation naturelle* naît une autre espèce, l'*amidonnier sauvage*, qui va se développer parallèlement à l'engrain.

Et ainsi de suite, d'autres espèces vont apparaître ici et là.

« L'Histoire célèbre les champs de bataille sur lesquels nous trouvons la mort, mais elle ne daigne pas parler des champs cultivés grâce auxquels nous prospérons ; elle mentionne le nom de tous les bâtards des rois mais elle ne peut même pas enseigner l'origine du froment ! Telle est l'inconscience de l'Homme. » Depuis cette colère de l'entomologiste Jean-Henri Fabre (1823-1915), nous avons heureusement progressé. Pour découvrir les origines de cette famille, bien plus riche et complexe que les nôtres, lisez *Le Blé*, l'ouvrage de référence dirigé par Hervé Le Stum [1] !

Un Croissant fertile

Voilà une bonne vingtaine de milliers d'années, lorsque nos ancêtres nomades arrivent au Proche-Orient, dans une zone comprise entre le Delta égyptien au sud-ouest, la Turquie au nord et le golfe Persique à l'est, ils s'émerveillent d'immenses champs de plantes dont les grains calment la faim et sont aussi faciles à cueillir qu'à conserver et stocker. Pourquoi aller plus loin ? Installons-nous dans cette région bénie des dieux.

1. Hervé Le Stum (dir.), *Le Blé*, Éditions France Agricole, Paris, 2017.

Les dernières recherches archéologiques ont réduit ce « Croissant fertile » à la zone comprise entre les deux grands fleuves, le Tigre et l'Euphrate (cadeau supplémentaire de la Nature). C'est là, et là seulement, que l'on trouve trace des sept cultures fondatrices de l'Agriculture : orge, lentille, pois chiches, pois, vesce et les deux ancêtres de notre blé, l'engrain et l'amidonnier.

C'est là que les nouveaux arrivants ne vont plus se contenter de *cueillir*, ils vont avoir l'idée de *semer*. Pourquoi chercher d'autres plantes alors que celle-ci me convient ? Choisissons celle dont la tige est la plus solide (pour éviter de perdre les épis) et dont le grain est le plus facilement séparable de son enveloppe.

La *sélection* vient de commencer.

En même temps naît l'*élevage*. Pour de semblables raisons de réduction des efforts inutiles : pourquoi s'épuiser à chasser alors qu'on peut réunir près de soi les bêtes dont nous avons besoin ?

Ainsi, on *domestiquera* les animaux tout autant que les végétaux.

Pourquoi a-t-on baptisé cette période charnière *néolithique*, étymologiquement « âge de la pierre nouvelle », alors qu'elle voit d'abord une double révolution dans la manière de se nourrir et d'utiliser l'espace (s'arrêter, au lieu de toujours courir) ?

Le maïs : un autre grain, qui a changé nos têtes

La Mésopotamie proche-orientale n'a pas le monopole de la révolution agricole. À l'autre bout du monde, au sud-ouest du Mexique, on a retrouvé la preuve d'une domestication botanique vieille de neuf mille ans. Là-bas aussi, des chasseurs-cueilleurs se sont un beau jour arrêtés le long du fleuve Balsas et ont commencé à cultiver une certaine plante miracle nommée téosinte, aïeule du maïs. Son efficience nutritive exceptionnelle permit, quelques milliers d'années plus tard, l'essor de la formidable civilisation maya. Quand on n'a plus trop à se soucier de sa nourriture, on peut inventer une écriture et regarder chaque nuit le ciel pour y dessiner la carte des étoiles.

Ces Mayas avaient leur Bible, une très ancienne tradition orale transcrite peu après l'arrivée des Espagnols, vers 1550. On l'appelle, en langue quiché, *Popol Vuh*, le « Livre de la natte » ou « Livre du Conseil ». Il y est raconté l'origine du monde.

Au tout début des temps n'existaient que les Dieux. Se sentant seuls, manquant périr d'ennui et envahis soudain par un étrange et pressant besoin de se faire adorer, ils décidèrent de créer la Terre et de l'emplir d'êtres, végétaux et animaux. Parmi lesquels, on ne sait pourquoi, ils voulurent des Hommes.

Trois essais leur furent nécessaires. Déçus par les premiers, façonnés à partir de la glaise, ils tentèrent de les construire en bois. Pour un résultat guère plus satisfaisant : ils n'obtenaient que des créatures paresseuses et vaniteuses. Mieux valait s'en débarrasser en les engloutissant toutes dans un Déluge, hormis quelques survivantes, changées en singes. La bonne idée vint enfin aux Dieux d'utiliser le maïs. Qu'on se le dise, ces « Hommes de maïs » sont nos ancêtres ! Hommes de maïs ! Une appellation reprise pour titre par l'écrivain guatémaltèque Miguel Angel Asturias (1899-1974, prix Nobel de littérature).

Constitués de maïs, les Hommes étaient si parfaits que les dieux craignirent d'être un jour supplantés. Pour plus de sûreté, ils retirèrent à leurs créatures une bonne moitié de leur intelligence et les rendirent fragiles, puisque mortelles.

Ce mythe du maïs, matière première de l'humanité et preuve de son essence divine, conduisit à de nombreuses pratiques. Dont celle d'entourer, dès la naissance, la tête des bébés de lamelles de bois fermement entourées de bandelettes. Ainsi entravés dans leur développement, les crânes des enfants mayas prenaient peu à peu la forme oblongue… d'un grain de maïs.

De même que la tomate et la pomme de terre, le maïs vient du Nouveau Monde.

Ce serait Christophe Colomb qui l'aurait importé de l'Amérique Centrale.

Comme le rappelle Jean-Paul Renoux [1] dans sa somme incontournable sur cette plante magique, « dans le calendrier aztèque, Chicometoacl, le dieu du maïs, auquel le mois d'avril est consacré, célèbre l'alliance du Soleil, de la Terre et de l'Eau… ». Cette alliance, symbole de la Vie au cœur de l'été desséché, est aujourd'hui encore ce qui frappe le plus quand on regarde un champ de maïs. L'imaginaire rejoint ainsi la biologie, puisque le maïs est l'une des « machines » végétales les plus performantes pour transformer l'énergie solaire au grand bénéfice de l'alimentation animale et humaine.

1. Jean-Paul Renoux, *Le Maïs. Une plante pour l'intensification écologique*, France Agricole, Paris, 2014.

Un lien perdu

En rappelant plus souvent ces belles histoires (parmi tant d'autres), nous garderions en mémoire ceux à qui nous devons la Vie, nous reconnaîtrions que nos civilisations et notre humanité se sont aussi forgées dans leur rapport aux aliments.

Après le *Contrat social* de Jean-Jacques Rousseau à la fin du XVIIIe siècle, qui structure les droits de chaque humain en société, le philosophe Michel Serres introduit en 1990 la notion de « Contrat naturel ». Partant d'un constat (« la Nature nous conditionne et désormais nous la conditionnons en la dominant et en la réduisant au statut d'objet »), il propose « un droit nouveau en offrant une dignité juridique à la Nature et en définissant les devoirs de l'humanité envers elle ». Sans mieux respecter notre Planète, l'humanité s'éteindra. La menace se rapproche.

Les toilettes ou la cuisine ?

Autrefois, lorsqu'un besoin urgent vous prenait, il fallait le plus souvent marcher jusqu'au fond du couloir ou jusqu'au bout du jardin : c'est là que se trouvaient les toilettes. Pour plus de confort, on les intégra dans les logements.

Aujourd'hui, pour « gagner de la place » dans les appartements, ce sont les cuisines qu'on exile. Aux États-Unis, nombre d'architectes proposent ce genre d'« aménagements fonctionnels ». À quoi bon les avoir chez soi, puisqu'on s'active de moins en moins aux fourneaux ? La nourriture toute préparée par les industriels nous est livrée en trente minutes garanties.

Toilettes et cuisines se sont croisées en chemin.

Progrès, croyez-vous ?

Point du tout ! Prenons garde que la défécation ne l'emporte sur notre alimentation.

Trois lois nous gouvernent et nous font tels que nous sommes :

1) Dis-moi *ce que* tu manges, je te dirai qui tu es. Cet aphorisme nous vient du grand Jean Anthelme Brillat Savarin (1755-1826), avocat, écrivain, homme politique et critique culinaire tout à la fois. S'il a donné son nom à un savoureux fromage, c'est surtout cette vérité essentielle qu'il nous a enseignée.

2) Dis-moi *comment* tu manges, seul ou en compagnie, avachi dans un canapé ou bien assis à table, attentif à tes voisins ou obnubilé par un écran, je te dirai à quelle société (ou non-société) tu appartiens.

3) Conséquence : Dis-moi quelle *éducation alimentaire* tu donneras à tes enfants, et je te dirai qui ils seront et quelle société (ou non-société) ils bâtiront.

Aujourd'hui, notre alimentation a perdu sa valeur. S'il y en a un qui doit se retourner dans sa tombe, c'est bien Hippocrate.

Philosophe et médecin grec, né vers 460 avant Jésus-Christ, il est considéré comme le père de la médecine moderne. Sa vie est mal connue, mais son héritage n'en reste pas moins d'une incroyable richesse. C'est lui qui, il y a plus de deux mille cinq cents ans, mit la rationalité au centre de toute décision médicale, chassant aussi bien la main du Divin que celle des magiciens. Hippocrate n'était pas nutritionniste, mais il avait très vite perçu l'impact de l'alimentation sur la santé de l'Homme : « Que ton alimentation soit ta première médecine. »

Les chiffres, tous inquiétants, nous rappellent à l'évidence : l'alimentation est, pour notre santé, la mère des batailles. Aux États-Unis, pourtant première puissance économique du monde, l'espérance de vie... diminue. En 2021 : elle était de 76,1 ans, quatre de moins qu'en Europe. Certes, différentes causes expliquent ce déclin : mauvaise gestion de la Covid, absence d'un système généralisé de protection sociale, explosion de la drogue (plus de 100 000 décès par overdose chaque année), agressions par armes à feu… Mais la responsabilité de la « malbouffe » est de plus en plus pointée du doigt : aliments trop riches en graisse, en sucre, en sel. De plus en plus d'adultes doivent être considérés comme obèses (déjà 43 % de la population), avec pour conséquence un diabète qui monte en flèche et une multiplication des accidents cardio-vasculaires.

D'ici à 2035, les spécialistes estiment que près d'un Terrien sur deux pourrait être en surpoids ou franchement obèse…

L'intitulé du ministère dont j'avais (Julien) la charge était celui de « l'Agriculture et l'Alimentation ». Probablement, l'expérience aidant, aurions-nous dû l'appeler le ministère de la « Nutrition, de l'Alimentation et de l'Agriculture ».

Souvent on me demandait s'il ne faudrait pas relier le ministère de l'Agriculture à celui de l'Environnement. Question évidemment fort pertinente tant les enjeux sont liés. Mais il me semble que le ministère le plus proche est celui de la Santé.

La nutrition comme boussole : c'est ainsi que l'on protégerait le mieux l'environnement.

Cordon bleu, cordon bleu, comment en es-tu arrivé là ?

C'est au rayon frais, dans ce supermarché d'Eure-et-Loir, que nous le retrouvons. À ses côtés, nuggets, escalopes milanaises et autres préparations à base de panure. Contrairement à eux, cordon bleu a un nom et une histoire qui lui permettent de se tenir crânement. S'il est aujourd'hui cette tranche de filet de volaille au fromage fondant, enrobée de panure éclatante, il fut d'abord symbole de grandeur et de prestige. Tout simplement la plus illustre décoration de la monarchie française : celle de l'ordre du Saint-Esprit.

Fondé en 1578 par le roi Henri III et destiné à lutter contre les protestants, cet ordre était composé de nobles et d'aristocrates catholiques qui portaient autour du cou la croix de Malte (ou croix de Saint Jean) accrochée à un ruban bleu. Ce « Cordon bleu » ne cessa de vivre qu'en 1802, remplacé par la Légion d'Honneur, créée, comme l'on sait, par Napoléon Bonaparte.

Lorsqu'en 1662 le poète et homme de lettres, Jean Regnault de Segrais, fit acte de candidature à l'Académie française, il tint ce langage : « Vous êtes les cordons bleus des beaux esprits. » Flattés, les Immortels l'accueillirent aussitôt. Le renard sachant parler aux corbeaux.

« Être un cordon bleu », ce qualificatif n'est mérité que par les très bons cuisiniers. Pourtant, rien de complexe pour faire un cordon bleu. Il suffit de cinq ingrédients : une escalope, du fromage, du bacon, de la chapelure et un œuf. Une vingtaine de minutes de préparation. Mais qui aujourd'hui prépare soi-même des cordons bleus ?

Souvenez-vous de cette publicité du Père Dodu : le loup de Tex Avery tirant la langue car tombé fou d'amour pour un cordon bleu ? Cette publicité du milieu des années 1980 commençait ainsi : « Papa perdait son temps avec la cuisine traditionnelle. » Tout était dit.

Le cordon bleu est aujourd'hui l'un de ces aliments ultra-transformés. Savez-vous combien d'ingrédients sont utilisés pour le fabriquer industriellement ? Non pas cinq, comme le veut la « cuisine traditionnelle », mais près d'une trentaine ! Sur le paquet du supermarché d'Eure-et-Loir, nous pouvons lire : « Viande de volaille traitée en salaison : 54 % (viande de dinde : 24 %, viande de poulet : 20 % , eau, fibres de blé, sel, dextrose, extrait de levure, arômes naturels), panure : 26 % (farine de blé, eau, levure, sel, épices), jambon de dinde cuit standard fumé : 10 % (viande de dinde : 8 %, eau, fibre de blé, dextrose, protéine de blé, arômes naturels, sel, ferments, gélifiant : carraghénanes), fromage fondu à l'emmental : 10 % (fromages, eau, amidons modifiés, protéines de lait, lait écrémé en poudre, sels de fonte : citrates de sodium). Huile de tournesol. » Bon appétit.

Sa viande n'est qu'un agrégat de découpes de volailles broyées puis agglomérées. On y ajoute des fibres de blé pour éviter qu'à la cuisson l'agrégat ne se désagrège. Ces fibres permettent également de retenir l'eau (de l'eau vendue au prix de la viande, quelle bonne affaire !). Son fromage contient de l'amidon modifié, pour changer la texture, mais aussi des sels de fonte, qui servent à le faire briller ! Tellement plus agréable de déguster un fromage jaune et fondant. Ces sels de fonte font partie de la famille des additifs. Sont-ils dangereux ? Les scientifiques s'accordent à dire qu'un doute réel existe. Ils parlent de l'« effet cocktail », c'est-à-dire des conséquences de l'interaction de tant d'additifs ingurgités.

Certains cordons bleus peuvent contenir plus d'une dizaine d'additifs, parmi les 320 aujourd'hui autorisés en Europe. Ces additifs, on les qualifie de « cosmétiques ». Quel joli terme, et tellement bien employé : ils rendent appétissants des produits qui, sans eux, ne donneraient pas envie. Les publicitaires se frottent les mains. L'un des plus connus d'entre eux est le nitrite, qui offre au jambon cette couleur rose alors que sa couleur naturelle est le gris. Certains de ces additifs peuvent être utiles, pour accroître, par exemple, la durée de vie des aliments, mais avec quelles conséquences ? L'amidon est, quant à lui, extrait du blé par la méthode dite de *cracking*. On décompose l'aliment de base (le blé) en une somme d'éléments (dont l'amidon). Tout l'intérêt nutritionnel se trouve ainsi dégradé.

Ces aliments ultra-transformés sont vecteurs de maladies chroniques : obésité, diabète de type 2, côlon irritable, maladie cardiovasculaire, cancer… toutes les études en témoignent. Dernièrement, l'INSERM, institut français de la santé et de la recherche médicale, a même montré que leur surconsommation semble associée à des troubles de la santé mentale. Or ils représentent aujourd'hui près de 30 % de notre apport énergétique, allant jusqu'à 40 % en Allemagne et même 50 % aux États Unis…

Notre espèce va-t-elle perdre ses dents ?

Chantal, ma voisine en Bretagne (c'est Érik qui raconte), accompagna son marin de mari dans ses affectations lointaines, Antilles, Réunion. Et puis tous deux revinrent s'installer dans une presqu'île du nord Bretagne, toujours face à la mer, mais entre deux petits fleuves côtiers. C'est là, dans le petit village où je vis une bonne part de l'année (400 habitants), que le maire lui proposa de s'occuper de la cantine scolaire : « J'ai entendu dire qu'on mange toujours bien chez vous, et que vous aimez cuisiner pour les grandes tablées. » Chantal demanda juste le nombre d'enfants à nourrir chaque jour, quatre fois par semaine. À peine plus de vingt, lui fut-il répondu. Et c'est ainsi qu'elle se mit au travail.

Pour le bonheur de chacun.

Chantal en est bien consciente. Sa situation « campagnarde » est très privilégiée. D'une part, en liaison avec une autre école de la presqu'île, elle peut se fournir, en grande majorité, auprès de producteurs *locaux*. D'autre part, grâce aussi aux grandes surfaces qui transmettent leurs invendus, le prix de chaque repas est modeste : 1,50 euro, le même pour tous, inchangé depuis des années. Enfin, le très petit nombre d'enfants qu'elle nourrit est également un formidable atout : « Les élèves, je les connais tous, aucun ne se ressemble, chacun est différent face à la nourriture, certains dévorent, d'autres chipotent et traînent, il ne sert à rien de les forcer. Et puis, la chance d'avoir chez nous un potager "municipal" (carottes, potirons, poireaux, choux en saison), un verger et des fruits rouges (framboises, cassis, mûres) permet de leur apprendre la vie et la fragilité des végétaux, le soin dont il faut les entourer et, d'abord, comment les reconnaître ! Ils adorent leur jardin et participent volontiers aux travaux qu'il réclame. Il faut dire que celui qui s'en occupe, M. Riou, est un professeur d'une bienveillance et d'une patience infinies. »

Autre avantage de cette cantine exemplaire : l'expérience voyageuse de Chantal. Elle en a rapporté une diversité de recettes dont elle fait, bien sûr, bénéficier ses tablées.

En dépit de tous ces privilèges, et de la passion de Chantal, la bataille « pour une alimentation saine et durable » est loin d'être gagnée.

Que les enfants, de manière générale, n'aiment guère les légumes, même s'ils sont si fiers de les avoir cultivés, cela ne m'a pas surpris. Comme dit Chantal, « il faut feinter » pour les leur faire avaler. Par exemple en alternant dans les lasagnes les couches de viande et celles de courgettes mêlées de carottes. Ou bien les faire jouer à deviner la composition d'une soupe.

Mes surprises vont venir après :

– Les enfants d'aujourd'hui, et même dans cette zone ô combien rurale, détestent viscéralement « le vert », quel qu'il soit, et cela d'où qu'ils viennent. Tous ceux, dont je suis, qui se préoccupent (et de plus en plus) d'écologie vont devoir réfléchir à l'origine de cette détestation instinctive pour mieux la combattre.

– Les tout jeunes ne savent plus distinguer les aliments, par exemple le poisson du poulet, puisqu'ils sont tous deux « blancs ». Il faut dire que l'un et l'autre sont la plupart du temps recouverts d'une panure. Les omniprésents nuggets sont à la nourriture ce que les écrans sont au regard, un filtre qui sépare de la Vie !

– Autre détestation chez nos enfants et petits-enfants : ils ne supportent plus de MÂCHER. Un morceau de steak, trop contraignant ! Au contraire, triomphe des boulettes, faites de tout petits morceaux réagrégés. 4 kilos de viande bovine sur 10 finissent ainsi dans les hachoirs. Il suffit de regarder les rayons boucherie en grande surface ou les menus dans les restaurants : nous avons créé la société du steak haché.

Tout le corps médical vous le dira : sans activité, une fonction s'affaiblit et l'organe disparaît. Si rien n'est fait, notre espèce, après avoir perdu du sommeil et du QI à la suite des trop longues heures passées sur les réseaux, va, en prime, perdre ses dents.

La perte des origines

D'où vient le lait, le lait que nous buvons ? Impossible de le savoir ! Scandale ! Qui fait suite à la plainte en justice d'un industriel… français. L'histoire peut vous paraître aberrante, mais elle est vraie.

Il était une fois un gouvernement qui, en 2016, décida d'imposer la mention de l'origine sur les briques de lait et les produits qui en étaient composés à plus de 50 %. Cette décision répondait à une aspiration des citoyens consommateurs tout autant qu'à une attente des agriculteurs désireux de valoriser leur production contre le lait importé.

Malheureusement, pour des raisons purement économiques, une multinationale, pourtant française, ne l'entendait pas de cette oreille. Cette multinationale, c'est Lactalis, fleuron industriel ayant créé des milliers d'emplois sur notre territoire, et qui à ce titre doit être respectée. Mais quelle mouche l'avait piquée ? Cette entreprise décida de saisir la CJUE, c'est-à-dire la Cour de justice européenne, afin de faire casser cette décision. Imaginez un peu : une entreprise française qui saisit l'échelon européen pour annuler l'obligation d'indiquer l'origine française du lait. Oui, parfois, chez nous, le ciel nous tombe sur la tête !

Et la CJUE ne se priva pas de casser la décision française. Sur quelle base ? Eh bien celle des règles européennes qui indiquent que les États ne peuvent imposer l'origine des produits qu'à deux conditions :

– Si la *majorité des consommateurs attache une importance significative à cette information*, ce qui est évidemment vérifié ;

– Et s'il *existe un lien avéré entre certaines propriétés d'une denrée alimentaire et son origine*. Ce point est plus difficile à démontrer. La CJUE décréta que cela n'était pas le cas et rendit ainsi un jugement condamnant la disposition française.

Forte de cette décision de la CJUE, Lactalis saisit le Conseil d'État, c'est-à-dire la juridiction française, qui n'avait d'autre possibilité que de suivre l'avis européen.

Un abandon des origines, prélude à la pire des maladies, celle de l'oubli. Sans connaître la source, comment ne pas sombrer inexorablement dans l'indifférence ?

Les saisons oubliées

« Les saisons, ça ne se discute pas. » Tels sont les mots de Raymond Queneau dans son roman *Les Derniers Jours* sur la désillusion et le temps qui passe, les étudiants qui voient leur jeunesse s'achever, les vieillards qui voient leur vie se faner.

Les saisons sont constitutives de nos vies. Différentes suivant les parties du globe, au nombre de quatre dans les zones tempérées, deux dans les zones tropicales, elles dictent un rythme, régulier et répétitif. Pas étonnant que les plus grands musiciens, tel Vivaldi, s'en soient inspirés.

Joie à ceux qui sauront les écouter.

Résultantes cycliques de l'apport du soleil, du ciel et de la terre, elles guident le développement de la Nature, faune et flore confondues.

C'est ainsi que des fruits et des légumes « de saison », contrairement aux autres, offrent un maximum d'eau, de fibres, de potassium, de fer, de calcium ou encore de vitamines dont notre corps a besoin.

Évidence ? Oui, mais confirmée par la science. Lisons les travaux de Slimestad en 2005. Le taux de vitamine C d'une tomate cerise varie en fonction des conditions climatiques (ensoleillement, température, pluviométrie). Plus la tomate cerise est mûre, plus son apport en vitamine C augmente.

Il faut donc choisir les tomates au bon moment et en pleine maturité. Si vous la consommez trop tôt, ses bienfaits seront moindres. Si vous la consommez trop tard, ses apports diminueront. Méfiance vis-à-vis des tomates venues de trop loin, le temps de transport étant parfois très (trop) élevé.

Connaissez-vous l'allié de cette saisonnalité ? Le congélateur ! Il permet de saisir les fruits et légumes dans leur pleine maturité.

À défaut, tournons-nous vers les marchés de plein air.

« Je vous en mets 1 kilo 5. Et avec ceci ? Ce sera tout, merci ! » À la différence des commerces de proximité, le nombre de ces marchés augmente en France. Ils sont aujourd'hui plus de 8 000 et une centaine se crée chaque année.

La Covid et l'appréhension de notre finitude, de la fragilité de notre condition, des liens entre santé humaine et environnementale n'ont fait que renforcer cet attrait pour les produits locaux considérés, selon les enquêtes d'opinion, comme plus sûrs, plus goûteux et plus écologiques.

Phénomène ou changement structurel ? C'est encore trop tôt pour le dire, surtout dans un contexte inflationniste marqué ces derniers mois par une chute inquiétante des achats alimentaires.

Savez-vous que nous avons, Français, le plus grand marché de produit frais *au monde* ? Un marché de plus de 230 hectares où se retrouvent 1 200 commerçants. Ce marché, situé à 7 kilomètres de Paris, c'est Rungis.

Pas une semaine où vous ne mangiez un produit passé par Rungis. Un marché au statut particulier, dit d'« Intérêt national » (il y en a une quinzaine en France mais c'est de loin le plus important). Plaque tournante de la distribution des poissons, fruits de mer, viandes, légumes, fruits, fleurs… chacun y a son « pavillon » dédié, acheminé des quatre coins de France. Il existe même une ligne de chemin de fer qui, un temps fermée, a été rouverte en 2021, reliant Perpignan à Rungis. Elle s'appelle la « ligne des primeurs », cinq trajets par semaine, départ l'après-midi pour arriver avant l'aube.

Pour visiter ce marché-là, il faut se lever de bonne heure, de très bonne heure même ! Traditionnellement, on commence par le pavillon dit « de la marée », une occasion de déguster des huîtres dès 4 heures du matin, puis direction le pavillon des viandes, où vous attend une démonstration qui ne manquera pas de soulever le cœur des trop sensibles : la préparation des filets de tête de veau. Allez ensuite flâner dans le pavillon des fromages (véritable caverne d'Ali Baba, où des centaines, voire des milliers de fromages sont proposés). Plus loin vous attendent des montagnes de fruits et de légumes. N'oubliez pas un café et une viennoiserie. Et terminez en poésie, dans le pavillon des herbes et fleurs aromatiques.

Derrière ces miracles, une formidable prouesse logistique.

Réapprendre le goût et la valeur de l'alimentation

Les scientifiques expliquent qu'il existe deux formes de compétence : l'innée, qui vient des gènes ; et l'acquise, qui nécessite d'apprendre par autrui (lire, compter, écrire, notamment). Cette dernière est évidemment la plus importante. C'est elle qui ouvre tous les possibles. C'est la voie du progrès. L'apprentissage est le trésor de l'humanité.

Notre rapport à l'alimentation pourrait paraître inné. Après tout, puisque nous sommes des êtres vivants, nous devrions savoir « naturellement » nous nourrir. C'est un acte « évident » (on se nourrit jusqu'à ce que le sentiment de satiété apparaisse) et nous devrions pouvoir facilement distinguer le bon du mauvais : par la vue (nous détectons tout de suite une viande avariée), par l'odorat (nous sentons un lait tourné) et par le toucher (nous savons à sa consistance si un fruit est mûr).

Hélas, génération après génération, nous avons perdu ce lien avec les aliments. Nous les considérons de plus en plus comme de simples « choses » à ingurgiter. Nous oublions leur richesse. À midi, on ne « déjeune » plus, on « mange ». Le soir, on ne « dîne » plus, de nouveau on « mange ».

Comment redonner place à cette nécessité : l'éducation à l'alimentation ?

La table ou l'écran ?

À table citoyens ![1] Tel est le titre du livre publié en 2016 par Périco Légasse, démocrate de vaste culture historique, géographique et gourmande, rédacteur en chef de la rubrique vin et gastronomie à l'hebdomadaire *Marianne*, inlassable pourfendeur de la malbouffe en même temps qu'indéfectible avocat des paysans.

Oui, à table citoyens ! Parce que c'est là, sagement assis autour de ce petit espace, en famille, que nous apprenons à bien nous tenir, à écouter l'autre, à parler chacun son tour et jamais la bouche pleine. C'est à table, et grâce à elle, que notre sauvagerie naturelle peu à peu se civilise, c'est là qu'année après année nous nous exerçons à former une société. Alors oui, la table est l'école de la citoyenneté. Partout dans le monde, le partage de la nourriture est, depuis la nuit des temps, le moment où se tissent et se retissent les liens sociaux et familiaux.

C'est là aussi que nous commençons à distinguer un cabillaud d'un poulet, bien qu'ils soient blancs

1. *À table citoyens !*, Éditions du Cerf, Paris, 2016.

tous les deux ; c'est là que s'éveillent nos papilles, que nous viennent le goût et son plaisir, et le respect du cuisinier (bien souvent, une cuisinière…).

Vous nous objecterez que la table est une pratique typiquement de chez nous, raison pour laquelle « le repas à la française » fut, en 2010, jugé par l'Unesco digne d'entrer dans le « patrimoine culturel immatériel de l'humanité ». Il est vrai que, dans notre pays, les repas, ces retrouvailles à heures fixes, rassemblent encore la moitié de notre population, contre seulement 17 %, par exemple, au Royaume-Uni.

La télévision a porté le premier coup à ce rituel quotidien. On quitte la table pour le canapé et, tout en grignotant, on laisse la parole à l'écran dominant.

La nouvelle étape de cette fracture, nous la connaissons aujourd'hui. Pauvre Télévision, qui se croyait toute-puissante, nous osons la dédaigner. Les portables sont en train de tuer « le Poste », jadis maître des lieux. Les familles ne sont plus que des collections d'obnubilés au sens strict, du latin *obnubilare* : « couvrir de nuages ». Ce nuage qui désormais nous gouverne : le *cloud*. De jour comme de nuit, les addicts ne quittent plus leurs petits carrés lumineux. La « connexion » généralisée est un univers de solitudes juxtaposées.

Dans un tel monde, que nous caricaturons à peine, quelle place voulez-vous que tiennent la nourriture, l'attention à ce qu'on mange et la gratitude envers la longue chaîne de celles et ceux qui l'ont produite et préparée ?

Arrêtons-nous un instant sur le mystère de la ville de Roseto.

Dans son roman *Outliers*, Malcolm Gladwell rapporte l'étrange histoire de cette petite ville d'environ 1 500 habitants, située au nord du comté de Northampton, en Pennsylvanie, aux États-Unis, et construite au XIXe siècle par des immigrés italiens.

Le scientifique américain Wolf, spécialiste de l'appareil digestif, s'y rend dans les années 1950. Sa découverte est stupéfiante : le taux de mortalité y est 30 à 35 % plus faible que dans tout le reste du pays ! Il n'y observe quasiment aucune maladie cardiaque avant l'âge de soixante-cinq ans (alors qu'au milieu des années 1950, c'est une cause importante de décès aux États-Unis). Plus étonnant encore : on n'y compte que peu ou pas de suicides, d'alcoolisme, d'addiction à la drogue, de crimes. À Roseto, on meurt... de vieillesse ! Accompagné de plusieurs étudiants de l'université d'Oklahoma, où il enseigne, Wolf essaye de percer ce mystère. Il pense tout d'abord à l'alimentation, sûrement saine et équilibrée. La réalité lui donne tort : les habitants, originaires d'Italie, usent abondamment d'huile, de charcuterie, de sels et de desserts sucrés – beaucoup sont même en surpoids ! La génétique ? Fausse route également : les familles des habitants de Roseto vivant dans d'autres territoires ont des taux de mortalité bien plus élevés !

Le secret de Roseto, c'est en fait son mode de vie en communauté, une interaction permanente entre les uns et les autres : on s'arrête dans la rue pour discuter, on s'entraide dans les tâches, on vit à plusieurs sous le même toit et, surtout, on partage les repas. Parfois trois générations à la même table, chaque jour, à midi et le soir. Un moment sanctuarisé. Rien ne protège mieux Roseto que ces rendez-vous réguliers autour d'une table.

Incroyable conclusion d'une histoire vraie.

La semaine du goût

Grégory Cohen est un chef cuisinier reconnu. Il n'est pas encore étoilé, mais retenez son nom : son savoir-faire est grand. En octobre 2020, il fut le parrain de la 31e édition de la Semaine du goût, formidable initiative qui, depuis plus de trente ans, permet à des chefs d'aller à la rencontre d'élèves de primaire pour leur présenter les aliments et les sensibiliser au goût. C'est à cette occasion que j'ai (Julien) fait sa rencontre. L'échange fut riche avec des jeunes de Clichy-sous-Bois, sur l'identification des aliments et leur effet bienfaisant pour le corps humain. L'année suivante, nous avons remis le couvert, cette fois dans une école du Xe arrondissement de Paris. Devant nous, des élèves de CE1 et CE2 à qui Grégory avait décidé de présenter les légumineuses, plantes particulièrement bonnes pour la santé et que nous ne consommons pourtant pas assez alors qu'elles sont la base de multiples recettes.

« Mais c'est bon, ça ? demanda l'un des élèves en pointant du doigt le sachet de lentilles.

— Oh que oui, suivez-moi, nous allons en faire une salade, vous allez voir. »

Moment de joyeux partage et de découverte de nouveaux goûts. Vive la Semaine du goût. Son seul défaut : n'avoir lieu qu'une fois par an !

Les enfants ne sont pas les seuls à devoir être éduqués. Nous tous sommes concernés.

Les futurs médecins aussi ! Figurez-vous qu'aujourd'hui la nutrition n'est que très peu enseignée au cours de leurs études.

Et cet apprentissage, c'est d'abord une forme de reconnaissance. Nouvellement élu, pour d'uniques raisons administratives, président de l'École nationale supérieure du paysage à Versailles, avouons que je (Érik) ne connaissais rien à l'infini univers végétal. Les agitations humaines m'avaient jusque-là beaucoup trop occupé.

C'est M. Alain Le Corvoisier, enseignant de légende à la célèbre École d'horticulture Saint Ilan (Saint-Brieuc), qui entreprit de me déniaiser.

Ensemble, chaque fin de semaine, nous partions pour ce qu'il appelait des « promenades de reconnaissance », un parcours initiatique où il m'apprenait à reconnaître les plantes. C'est ainsi que j'appris peu à peu à distinguer un pissenlit d'un trèfle, une renouée d'un fenouil et un chêne d'un hêtre.

C'est alors, et grâce à monsieur Alain, mon instituteur du vivant, que j'ai compris, au plus profond, les nombreux sens du mot *reconnaissance.*

Si le premier veut dire « une action de reconnaître, de se remettre en l'esprit l'idée, l'image d'une personne ou d'une chose », le second sens évoque « le souvenir affectueux d'un bienfait reçu, avec désir de s'acquitter en rendant la pareille » (dictionnaire de Littré).

S'alimenter, c'est vital. Encore faut-il pouvoir

À dix-sept ans, je (Érik) me suis inscrit au Parti socialiste unifié pour des raisons d'abord « tiers-mondistes ». Beaucoup d'anciennes colonies arrivaient à l'indépendance et la pauvreté y était criante. Une petite voix imbécile me disait que « chez nous », on avait « tous les moyens de s'en sortir » à condition de « se retrousser les manches ».

La réalité m'a fait changer d'avis.

Selon une enquête toute récente du Credoc (Centre d'études pour l'observation de la consommation, mai 2023), 16 % des Français déclarent ne pas avoir les moyens de se nourrir suffisamment. En France, sixième ou septième économie du monde et l'un des pays les mieux dotés en fertilité et diversité des terroirs.

Ce chiffre n'est qu'une moyenne. Certaines catégories sont particulièrement touchées, à commencer par les femmes et les jeunes : 24 % des moins de quarante ans disent manquer d'argent pour s'alimenter (7 % seulement chez les plus de soixante).

Et la situation s'aggrave, du fait de l'inflation qui frappe sévèrement les produits alimentaires.

Avec émotion, nous gardons tous en mémoire la si belle initiative lancée par Coluche, le 26 septembre 1985, lors de son émission sur Europe 1. Créer une cantine gratuite. « J'en ai marre de voir les pauvres crever de faim dans le pays de la bouffe. » Très bien de se mobiliser contre la famine en Éthiopie, mais en France ?

C'était « une petite idée comme ça », appelée à ne pas durer. Près de quatre décennies plus tard, les Restos du Cœur, grâce à 72 000 bénévoles, distribuent chaque année… 130 millions de repas. Un chiffre terrible, si l'on y songe, et en constante augmentation, malgré des finances de plus en plus incertaines.

Les Restos ne sont pas seuls ! Innombrables sont les associations qui luttent, à commencer par les mairies. Que tous ceux qui, par ambition de « rationaliser », voudraient réduire le nombre de nos communes, comprennent que sans ces équipes au plus près du terrain notre pays verrait la misère s'y accroître.

Le titre de l'association ATD Quart-Monde l'indique parfaitement : ATD pour « agir tous pour la dignité », et son travail quotidien le prouve. Ensemble, en 2018, nous avions publié un livre, *Unis contre la misère*. L'histoire de cette association qui fêtait ces soixante ans. Cent cinquante photos, témoignages, êtres humains, qui ne m'ont jamais quitté.

Me voici de retour près d'eux. Rendez-vous, cette fois, « au milieu de nulle part », je veux dire en pleine campagne, non loin de Nancy, où, figurez-vous, des gens avaient faim. J'emploie le passé car, désormais, on mange plus et mieux dans le secteur.

Il était une fois Huguette Boissonnat Pelsy, dentiste, professeure de son métier à l'université et généreuse active de nature, longtemps responsable du secteur Santé chez ATD. Lisez un document dont le titre serre le cœur et le contenu montre la voie : « Se nourrir lorsqu'on est pauvre ».

Il était une fois Marie-France Zeller, frappée plusieurs fois par la vie, aujourd'hui « sur des roulettes », comme elle dit en parlant de son fauteuil de handicapée. Bientôt rejointes par beaucoup d'autres, elles ont créé Emplettes et Cagettes, une association qui soutient 503 foyers. Avec des principes simples, à commencer par l'absence de toute discrimination ; la priorité aux produits naturels et respectueux de l'environnement ; des actions toujours décidées en commun. Par exemple des achats groupés de nourriture, des accords de long terme avec les agriculteurs locaux, ou des cultures nourricières dans des espaces libérés par les élus dans les « plans d'occupation des sols ».

Ne vous méprenez pas ! De telles campagnes, pour exemplaires, pour admirables qu'elles soient, ne suffiront pas à éradiquer chez nous ce fléau de la faim. L'action des associations n'exonérera jamais l'État de l'une de ses responsabilités premières, qui est de s'assurer que les habitants du pays dont il a la charge puissent se nourrir.

II

NE PLUS RESPECTER
QUI NOUS NOURRIT

La reconnaissance est une maladie du chien qui ne se transmet pas à l'Homme. Quel dommage, la face du monde en serait peut-être changée. Imaginez des êtres se remerciant, loyaux, bienveillants. Oui, la reconnaissance manque ; à chaque segment de notre société, à chaque maillon de nos relations humaines.

« Avant, quand on passait avec nos tracteurs sur les routes, les voitures se déportaient pour nous laisser passer. Souvent, l'automobiliste nous saluait d'un signe de la main. On était considérés. Maintenant, on nous klaxonne pour qu'on se range au plus vite sur le bas-côté. »

Paroles de fermiers, prononcées le 19 février 2023, lors d'une rencontre organisée par Philippe Dumas, maire de Saint-Ouen-Marchefroy (Eure-et-Loir).

Où est passée la reconnaissance ?

De nombreux citadins souhaitent retrouver la campagne. Ce « retour à la terre » a été dessiné par Larcenet et raconté par Ferri dans une BD[1] aussi savoureuse que réaliste. Un retour tant désiré, mais souvent jamais osé, jusqu'à ce que notre dernier souffle nous y emmène de force.

Selon les études, nous serions près d'un urbain sur deux à cultiver ce rêve. L'exode, qui a conduit jusqu'à la fin des années 1960 plus de 12 millions de ruraux à quitter la campagne pour aller trouver du travail en ville, s'est arrêté. Les grandes villes perdent des habitants, à commencer par Paris. Depuis 1975, plus de 4,5 millions de Français sont partis vivre à la campagne. L'aménagement du territoire, le développement de la fibre et plus récemment la Covid ont accéléré ce mouvement. Autour de nous, partout, les mêmes histoires de voisins, amis,

1. Jean-Yves Ferri et Manu Larcenet, *Le Retour à la terre* (7 tomes), Dargaud, Paris, 2010.

familles qui décident de rompre avec leur ancienne vie pour s'installer au milieu des champs et y retrouver les plaisirs de la nature et sa tranquillité. S'adaptent-ils à leur nouvelle existence ? Se sont-ils réconciliés avec cette terre qu'ils étaient venus retrouver ? À l'évidence, pas toujours.

En ce 12 juillet 2019, je (Julien) fais partie de ceux qui ont la chance de croiser le chemin du coq Maurice, sur l'île d'Oléron, à Saint-Pierre, plus exactement. Je suis alors en déplacement officiel. Ministre de la Ville et du Logement, je viens inaugurer la réhabilitation de la place centrale et signer une convention avec les élus locaux pour favoriser l'habitat des travailleurs saisonniers. Les traditionnels discours se succèdent. Je prends la parole juste après le président du conseil départemental. Quand soudain, un peu à l'écart, tenu dans les bras de sa propriétaire, Corinne Fessau, le coq Maurice décide de faire entendre sa voix de stentor. Évidemment, je m'arrête, sous les rires de la foule. Après un silence, je tente de reprendre le fil de mon discours, mais Maurice en a décidé autrement. Il se remet à chanter. Grande première, qui vit un ministre et un coq s'exprimer de concert.

Depuis, Maurice nous a quittés. Il s'est éteint en mai 2020.

Pourquoi vous parler de lui ?

Comme tout coq qui se respecte, il avait besoin de chanter plusieurs fois par jour, et notamment au lever du soleil.

Mais il était devenu la cible de ses voisins. Notamment d'un couple originaire du Limousin, qui avait acquis une maison juste à côté de celle de Corinne Fessau pour s'y reposer et profiter de l'Océan. Dans cet environnement idyllique, ce havre de paix, il n'était point question d'être réveillé tous les matins par les vocalises d'un gallinacé ! Ils demandèrent sans succès (on s'en doute) à faire taire le coq, et finirent par saisir la justice.

L'affaire fut largement médiatisée. Une pétition « Sauver Maurice » recueillit près de 140 000 signatures. Le *New York Times* lui-même lui consacra un article intitulé « *The rooster must be defended : France's culture clash reaches a coop* », ce qui peut se traduire par : « Le coq doit être défendu : le choc culturel français atteint un poulailler. » On connaît le manque de nuance des analyses de certains journalistes anglo-saxons, mais cette fois, oui, le terme de « choc culturel » pouvait être employé.

La culture des villes et la culture des champs ne s'accordaient plus sur la culture du chant.

Le tribunal de Rochefort, dans sa grande sagesse, débouta les requérants et donna raison au coq Maurice, qui put continuer à chanter. À sa mort, Corinne Fessau en acheta un nouveau, qu'elle appela Maurice 2.

Le Parlement français s'est saisi à son tour de ce sujet. L'Assemblée nationale et le Sénat ont ainsi adopté en 2021 une loi « visant à définir et protéger le patrimoine sensoriel des campagnes françaises ».

Cette loi a pour objectif une meilleure protection des « sons et odeurs des campagnes françaises (…) Chant du coq, tintement des cloches, braiment de l'âne, odeur du fumier ou des poulaillers, coassements des batraciens : autant de bruits et d'effluves qui font partie intégrante de la vie rurale ».

Vous ne rêvez pas.

Après le coq Maurice, les agriculteurs sont-ils les prochains sur la liste ?

Vincent Verschuere, trentenaire, élève des bovins à Saint-Aubin-en-Bray, dans l'Oise. Son bâtiment se situe à proximité d'habitations. La plupart d'entre elles ont été construites *après* la ferme familiale. Certes, son exploitation s'est développée et agrandie, mais toujours dans le respect des règles et avec les autorisations préfectorales nécessaires. Vincent Verschuere a été condamné à verser 100 000 euros de dommages et intérêts à des riverains se plaignant du bruit et de l'odeur des vaches… Saisie par Vincent, la Cour de cassation a confirmé le jugement le 7 décembre 2023.

Beaucoup plus au sud, dans le Var.

Les vins de là-bas, on aime les déguster. Particulièrement le rosé (le département en est le premier producteur mondial), dont la couleur et la robe doivent tant aux conditions d'ensoleillement, au climat sec et au souffle du mistral. Vins de Bandol, Côtes-de-Provence, Coteaux Varois en Provence, Coteaux d'Aix-en-Provence, autant d'appellations d'origine contrôlée qui viennent reconnaître le travail de la terre et des viticulteurs varois.

En cet été 2020, ils sont nombreux, les viticulteurs varois, à prendre soin de leur vigne. Les vendanges approchent et on craint une arrivée soudaine du mildiou. Ce serait la catastrophe, une année de travail perdue.

La scène se déroule sur la commune de Gonfaron, ville de 4 000 habitants nichée au pied du massif des Maures, à une quarantaine de kilomètres de Toulon. Un viticulteur (nous ne donnerons pas son nom, il souhaite garder l'anonymat) est en train de traiter ses vignes en pleine nuit du 16 au 17 juillet. Pourquoi la nuit ? Parce que le vent alors se calme et ne disperse pas le produit en dehors des limites de la parcelle. Notre viticulteur gonfaronnais répand sa « bouillie bordelaise », mélange d'eau, de sulfate de cuivre et de chaux, de couleur bleu verdâtre, une bouillie utilisée en viticulture depuis le début du XXe siècle… Une recette de grand-mère, diraient certains, qui, sous certaines conditions, est autorisée en agriculture biologique.

Soudain, deux détonations claquent… Notre viticulteur regarde à droite, à gauche. Pas de doute : c'est sur lui qu'on vient de tirer ! Il ne s'attarde pas et regagne au plus vite sa ferme où, stupéfait, il constate les dégâts : son pulvérisateur (engin agricole permettant d'asperger les produits) est criblé de balles. Après enquête, il s'avère que le responsable de l'agression n'était qu'un voisin énervé...

* * *

L'*Agribashing* : cet anglicisme à la mode désigne les attaques et insultes contre le monde paysan. Ne pensez pas que les agriculteurs y sont insensibles ! Un sentiment d'injustice, largement partagé, avec une conséquence terrible : de plus en plus de paysans conseillent à leurs enfants d'aller mener leur vie ailleurs : « Surtout, ne reprenez pas l'exploitation familiale ! »

Bientôt une France sans paysans ?

Si, chez les agriculteurs, quelques catégories (par exemple certains céréaliers) tirent leur épingle du jeu, l'immense majorité de ceux qui nourrissent ne sont récompensés de leur apport primordial que par des revenus (très) modestes, et dans une incertitude qui peut conduire au tragique.

Connaissez-vous pire contradiction que celle-ci, plus cruel et injuste paradoxe : nulle part ailleurs, dans notre société, on ne met plus fin volontairement à sa vie que chez celles et ceux qui nous donnent les moyens de vivre ?

Un démographe est une sorte de couteau suisse. Indispensable à toute exploration de nos sociétés, il peut, par la multitude des données dont il dispose, répondre à l'ensemble de vos questions. Son analyse est toujours pertinente, toujours éclairante, souvent étonnante. Au premier rang de cette profession, Hervé Le Bras. Un scientifique ô combien reconnu, mais aussi un ami commun. Qui mieux que lui pour nous guider dans le maquis des contradictions de notre société ?

Hervé Le Bras connaît bien le secteur agricole. Dans son livre *Métamorphose du monde rural, agriculture et agriculteurs dans la France actuelle*[1], corédigé avec Bertrand Schmitt, il souligne les évolutions récentes. Si les agriculteurs sont encore très présents dans le développement économique des territoires (avec un effet d'entraînement des industries agroalimentaires) et s'ils restent des acteurs incontournables de l'aménagement du territoire (premiers opposants à l'artificialisation des sols, excusez du peu), ils ont en revanche perdu un poids certain dans la société. Hier, ils étaient très largement représentés dans les cercles politiques. Un grand nombre de maires de France étaient agriculteurs. De même pour les parlementaires. Il fut un temps où les agriculteurs « décidaient des élections ». Ce n'est plus vrai. Beaucoup plus critiqué, beaucoup moins nombreux, le monde agricole a vu son aura s'étioler au fur et à mesure des mises en cause, notamment environnementales.

Il faut avoir le cœur bien accroché aujourd'hui pour devenir ou rester agriculteur ! Pourquoi travaillent-ils autant ? Comment accepter une totale

1. Hervé Le Bras et Bertrand Schmitt, *Métamorphose du monde rural, agriculture et agriculteurs dans la France actuelle*, Éditions Quae, Versailles, 2020.

servitude vis-à-vis de la nature et des animaux ? Quelle est leur motivation ? L'attrait de l'argent ? D'autres voies auraient été moins incertaines et beaucoup plus rémunératrices. Le devoir de reprendre la ferme familiale ? Ou tout simplement l'amour pour ce métier ?

En tout cas, merci ! Sans ces comportements où la part de l'irrationnel est forte, nous n'aurions plus d'agriculteurs et la face de la France en serait changée.

Nous avons tous un proche aïeul qui fut agriculteur. Cette ascendance nous donne assurément le sentiment de « LES » connaître. « Mon grand-père était agriculteur, alors je connais bien leur métier », phrase combien de fois entendue... Il faut dire qu'au début du XXe siècle le secteur agricole employait la moitié des travailleurs de notre pays. Au sortir de la Seconde Guerre mondiale, encore un tiers.

Cette famille s'est rétrécie, inéluctablement, année après année, comme peau de chagrin. Le premier recensement agricole date de 1892, suivi d'un autre en 1929. À partir de 1955, des questionnaires individuels sont envoyés aux agriculteurs tous les dix ans, 1970, 1979, 1988, 2000, 2010 et 2020. Autant de photos de famille régulières et très précieuses pour comprendre les évolutions et constater la réduction rapide du nombre des visages. Cette dernière décennie, une ferme sur cinq a disparu (!), soit près de 100 000 exploitations agricoles. Il n'en reste plus que 400 000... Les agriculteurs représentaient encore 7,1 % de la population active il y a quarante ans, seulement 1,5 % aujourd'hui...

Alors oui, il y a de quoi s'inquiéter. Même si cet inexorable déclin n'a pas encore conduit à une réduction significative de la surface agricole (un peu plus de 28 millions d'hectares, soit 50 % du territoire). Mais moins d'agriculteurs, pour toujours la même surface cultivée. La conséquence s'impose : la taille moyenne des fermes grandit année après année : elle est passée de 55 hectares en 2010 à 69 hectares en 2020.

Et cette tendance n'est pas à l'amélioration, la faute au vieillissement. La moitié des exploitations agricoles est aujourd'hui dirigée par un exploitant de cinquante-cinq ans ou plus. Un quart des exploitants a même plus de soixante ans. Seul motif d'espoir : la part des moins de quarante ans reste stable sur les dix dernières années, preuve que le secteur demeure toujours aussi attractif. Mais, pour faire face aux futurs très nombreux départs à la retraite, il faudra des arrivées bien plus massives. Immense défi.

Dans leur ouvrage *Une agriculture sans agriculteurs* [1], François Purseigle et Bertrand Hervieu analysent finement l'évolution du métier : « Une

1. François Purseigle et Bertrand Hervieu, *Une agriculture sans agriculteurs*, Presses de Sciences Po, Paris, 2022.

transformation qui ne se résume pas au constat mille fois ressassé de la diminution du nombre d'intéressés […]. Le paradoxe est précisément que l'effritement de la population des chefs d'exploitation agricole s'accompagne en réalité d'une diversification des pratiques et des statuts professionnels qui inscrit le métier d'agriculteur dans le vif des mutations du travail propres aux sociétés contemporaines. » De nombreux jeunes prêts à devenir agriculteurs se veulent salariés et non plus gérants de l'exploitation. Le salariat pour éviter les servitudes (possibilité d'avoir les week-ends et les soirées, ce qui est, somme toute, une demande bien légitime). Le salariat pour s'assurer un revenu même quand il y a des aléas climatiques ou de marché. Le salariat pour ne plus devoir s'endetter de plusieurs centaines de milliers d'euros si l'on veut pouvoir reprendre une ferme et s'installer. Notre modèle agricole va changer, avec de plus en plus de formes sociétaires qui apparaîtront, à rebours de la structuration familiale actuelle de nos exploitations.

Car la famille demeure le pivot des exploitations agricoles. Selon l'INSEE, « tous âges et populations confondus, ce sont les agriculteurs qui ont le plus de contacts avec leur famille au cours d'une semaine ». Souvent, les parents, voire les grands-parents, vivent sur la ferme ou à proximité immédiate. Même retraités, ils continuent à donner un coup de main ; une interpénétration familiale et professionnelle. Et encore une très grande majorité d'agriculteurs sont aujourd'hui enfants d'agriculteurs, même si le changement s'accélère et si de plus en plus de repreneurs ne sont pas issus du milieu agricole.

D'après le recensement agricole de 2020, seulement 22 % des fermes sont aujourd'hui dirigées par des femmes. Cette proportion est relativement stable, ce qui signifie que la féminisation reste un défi central : pas assez de femmes à la tête d'exploitations, de moins en moins de couples (mari et femme) travaillant ensemble sur la même exploitation. Les femmes ont pourtant beaucoup apporté au monde agricole, par leurs engagements syndicaux (jusqu'à une date récente, la FNSEA n'était-elle pas dirigée par une éleveuse, Christiane Lambert ?), par leur action déterminante lors des périodes de guerre (où elles ont tenu la ferme France pendant que les hommes étaient au front), par leur engagement de tous les jours.

Le monde agricole est un monde qui ne compte pas ses heures. Selon l'INSEE, il s'agit du secteur où on travaille le plus (en moyenne cinquante-cinq heures par semaine…) pour une rémunération modeste (le revenu médian est de 22 200 euros par an). Mais alors, pourquoi sont-ils encore nombreux à vouloir continuer ? Une réponse s'impose : ils se sentent des entrepreneurs du vivant, qui nourrissent le peuple. Définition cruciale, où tous les mots comptent :

« Entrepreneurs », car prendre la tête d'une exploitation agricole est un véritable parcours initiatique sur l'économie de marché et la création de valeur.

« Du vivant », car leur bureau est la nature. Ils n'ont pas de toit au-dessus d'eux quand ils travaillent. Être entrepreneur, c'est déjà difficile, mais choisir une vie d'« entrepreneur du vivant », avec tous ses aléas…

« Qui nous nourrissent. » Quelle plus belle, plus noble mission, laquelle a plus de « sens » ?

Intermède : notre après-midi avec le duc de Sully

Il n'est jamais évident de rencontrer les morts. Le plus souvent, l'au-delà se défile.

Et pourtant, chanceux que nous sommes, un grand défunt nous a répondu. Il faut dire que nous l'avons invité dans la salle qui porte son nom au ministère de l'Agriculture et de l'Alimentation. Bienvenue au duc de Sully (1560-1641), né Maximilien de Béthune.

Les 150 kilomètres qu'il a dû parcourir ne semblent pas l'avoir fatigué. Car c'est à Nogent-le-Rotrou, en Eure-et-Loir, qu'il repose avec son épouse, dans une somptueuse sépulture de marbre blanc.

Avant de l'assaillir de nos questions, nous le laissons s'émerveiller du lieu. Au-dessus de nos têtes, neuf mètres plus haut, un fameux plafond en bois sculpté. Avec, en son milieu, les épis de blé d'un blason et sa tête de bélier. Sur les côtés, des fresques monumentales, peintes par un certain Paul Sinibaldi, allégories du Commerce, de l'Industrie et bien sûr de l'Agriculture. Voyez cette jeune femme, le bras largement ouvert, elle sème un champ. Quatre bœufs blancs l'accompagnent, que guident deux paysans.

Le duc regarde. On dirait bien que l'émotion l'étreint.

« Une salle Sully, et de quelle beauté ! Merci pour cet honneur. Il faut dire que ma vie n'a pas été facile. Savez-vous que j'ai échappé de peu au massacre de la Saint Barthélemy (1572) ? Je dois la vie à des âmes bienveillantes qui m'ont caché au Collège de Bourgogne, aujourd'hui disparu. »

Le vieil homme soupire.

« Mais ma plus dure épreuve fut la mort d'Henri IV, mon ami. C'est alors qu'il venait me rendre visite que François Ravaillac le tua de sa lame, le 14 mai 1610. »

Nous nous regardons. Comment voulez-vous réconforter un mort ?

« Oh, nous savons vos liens avec le roi. La liste de vos titres et fonctions prouve l'estime en laquelle il vous tenait : surintendant des Finances, grand maître de l'Artillerie et des Fortifications, grand voyer de France, surintendant des Bâtiments, capitaine héréditaire des Eaux et Rivières, gouverneur de la Bastille, et nous devons en oublier. »

Le duc de Sully esquisse un sourire, de ceux qui disent la nostalgie du temps passé.

« N'est-ce pas vous qui lui avez conseillé de se convertir au catholicisme ? "Paris vaut bien une messe." Tout le monde se souvient de votre conseil.

— La paix du royaume était à ce prix.

— Certains vous disaient dur et de mauvais caractère.

— J'avais surtout des convictions et je les défendais avec détermination. La paysannerie, c'est le cœur vivant de notre pays ! »

Ça y est, nous entrons dans le vif du sujet. Le duc retrouve sa fougue d'antan.

« Il faut dire qu'à votre époque, 80 % des Français étaient paysans.

— Ils tenaient le pays en vie ! Chaque année nous nous demandions si nous pourrions produire assez pour nourrir le royaume.

— Certains vous attribuent la fameuse phrase de votre Henri IV : "Je veux qu'il n'y ait si pauvre paysan en mon royaume qu'il n'ait tous les dimanches sa poule au pot."

— Qu'importe l'origine des mots s'ils expriment la vérité ! Une vérité toujours valable aujourd'hui. Que faites-vous de vos paysans ? On m'a dit que beaucoup peinaient à vivre dignement, malgré leur travail harassant. Pourquoi ne les protégez-vous pas ? Votre, comment dites-vous, démocratie, a-t-elle bien compris ce qu'elle leur devait ?… »

Un peu gênés, nous esquivons l'attaque.

« … D'abord, protéger ! Oui, j'ai protégé les biens des paysans, bétails et outils, face aux créanciers. Et j'ai facilité le commerce des grains, en construisant de nombreuses voies de communication, en diminuant l'impôt foncier…

— Vous avez également fait assécher pour produire en plus grande quantité.

— Oh oui, de nombreux marais, lacs, tourbières. Pour les rendre cultivables, dans la plaine de la Limagne, aux portes de Clermont Ferrand, en Petite Flandre, en Charente-Maritime, dans le Poitevin, ou encore dans le Languedoc.

— On vous disait défenseur du commerce, mais opposé à l'industrie.

— Foutaises ! J'étais convaincu que l'agriculture permettrait aussi de développer l'industrie. À mon époque, le pays dépensait des sommes faramineuses pour l'achat de soie à l'étranger, utilisée ensuite pour faire les plus beaux apparats. J'ai suivi les recommandations d'Olivier de Serres (1539-1619), grand économiste qui publia en 1600 le premier ouvrage d'agronomie scientifique : *Théâtre d'agriculture et mesnage des champs*. C'est lui, cet homme de génie, je veux dire de bon sens, qui introduisit la culture du mûrier pour nourrir les vers à soie. Nous en avons planté des millions en Ardèche, dans le Dauphiné, dans les Cévennes et jusqu'au jardin des Tuileries et aux abords des grandes villes. Les magnaneries, ces locaux où s'élèvent les vers à soie, sont sortis de terre et nous avons enfin pu produire notre propre textile ! »

Sully fouille dans les poches de son habit et en sort une feuille jaunie :

« Voici ma devise ! Elle ne m'a jamais quitté : "Labourage et pâturage sont les deux mamelles dont la France est alimentée, les vrais mines et trésors du Pérou." Mes petits messieurs, tels que je vous vois, bien habillés, bien polis, vous devez avoir des relations. Rappelez cette vérité à quiconque veut bien l'entendre. »

III

IMPORTER CE QUE NOUS NOUS INTERDISONS DE PRODUIRE

Rappelons-nous cette donnée de base, trop souvent oubliée : la France reste une grande puissance agricole, la première en Europe et l'une des plus importantes au monde. Par son climat, et grâce à la diversité de nos terroirs, nous pourrions y produire presque tout ; nous pourrions, en d'autres termes, être autonomes : c'est-à-dire produire ce que nous consommons.

Tout le monde est pour l'autonomie, pour une France plus écologique, plus souveraine, plus indépendante. Pourtant la réalité est contraire. Nous sommes devenus au fil des décennies importateurs insatiables de fruits, de légumes et de viande. Quelle plus grande contradiction que celle-là ? Quelle plus invraisemblable folie ?

On marche sur la tête

Saviez-vous que les galettes bretonnes sont made in China ?

Nous adorons ces galettes, faites avec ce blé noir qui leur donne leur couleur si particulière. Elles constituent une partie de l'identité bretonne et de notre patrimoine gastronomique. Elles sont produites à partir de sarrasin (c'est lui qu'on appelle le blé noir). La légende veut que ce soit Anne de Bretagne qui ait introduit cette plante, dont la culture fut généralisée au XVIIe siècle. Il faut dire que le blé noir est extraordinaire : on l'appelle la « plante des cent jours », car il lui faut juste trois mois pour arriver à maturité. Une plante qui pousse toute seule, sur tous les sols, à la différence du froment (le blé tendre avec lequel on fait du pain). Une plante idéale pour la Bretagne.

Au début des années 1900, la France cultivait encore 370 000 hectares de blé noir. En 2016, seulement 3 300 hectares. La faute à des plantes bien plus rentables, comme le blé tendre ou le colza, que les agriculteurs bretons ont donc privilégié. Si la culture a repris ces dernières années, plus de 80 % des galettes bretonnes restent aujourd'hui faites avec du blé noir importé, notamment de Chine ! L'association Blé Noir Tradition Bretagne a lancé, en avril 2022, un appel aux agriculteurs pour relocaliser, mais elle fait face à la production asiatique bien moins chère.

Saviez-vous que les lentilles du Puy ont un accent canadien ?

L'entreprise Sabarot est située à Chaspuzac, en Haute-Loire. C'est une PME familiale aujourd'hui dirigée par la septième génération. Spécialisée dans les légumes secs, elle conditionne et vend les fameuses lentilles vertes du Puy. Des lentilles protégées par une AOP (Appellation d'origine protégée), issues d'un savoir-faire agronomique ancestral et d'un terroir volcanique, qui sont appréciées par les plus grands gourmets à travers le monde. Mais la lentille du Puy est aujourd'hui en danger. Il suffit de regarder l'origine des lentilles qui arrivent dans l'usine de Sabarot en ce mois de novembre 2021 : des lentilles canadiennes ! Oui, ici, sur le territoire du Puy, la plupart des lentilles arrivent du Canada. Si elles ne peuvent être vendues sous l'AOP, elles constituent désormais une large partie de la consommation de lentilles en France. Il faut dire que ces lentilles d'outre-Atlantique défient toute concurrence : elles sont produites avec de larges quantités de pesticides dont beaucoup sont interdits en Europe.

La moutarde qui monte au nez

À l'été 2022, nous avons tous été percutés par la pénurie de moutarde dans nos supermarchés. La moutarde était devenue un trésor que les plus obstinés d'entre nous finissaient par trouver, mais à quel prix ! Comment en est-on arrivés là, alors même que la France dispose de sa fameuse moutarde de Dijon ? L'explication est simple. Jusqu'en 2016, la France produisait encore un tiers des plants de moutarde. Or, à cette date, un insecticide a été interdit chez nous (et c'était justifié), sans alternative agronomique viable. Conséquence : la culture a été divisée par quatre dans l'Hexagone et la France est devenue massivement dépendante d'autres pays producteurs, notamment du Canada (plus de 80 % des graines de moutarde utilisées en France en sont issues). Évidemment, ce pays continue à utiliser le pesticide interdit en France… Quand la sécheresse vient à sévir là-haut, il n'est plus possible de produire de pots de moutarde en France… la boucle est bouclée.

Rouge de honte

La France est aujourd'hui le troisième importateur mondial de tomates, alors que nous avons une production française de qualité. Un tiers des tomates fraîches consommées en France est importé, majoritairement du Maroc (350 000 tonnes par an), mais aussi de l'Espagne (100 000 tonnes). Principale raison : la différence de prix liée à l'écart des coûts de la main-d'œuvre, dix-sept fois inférieure au Maroc, selon un rapport du Sénat[1] : « En 1996, point de bascule historique pour la filière tomate, l'Union européenne signe avec le Maroc un accord d'association libéralisant la circulation de produits agricoles, notamment de tomates marocaines. Accord dit "Tomates contre blé" par les producteurs, il fait apparaître des tomates très compétitives sur le marché européen que la production française ne peut concurrencer. »

Paroles de sénateurs.

Difficile loi de la mondialisation.

Poulet ou amoxicilline ?

En 2009, je (Julien) vis depuis un an au Caire, sur l'île de Zamalek. Une cité géante (plus de 10 millions d'habitants), bruyante et fascinante, où il est difficile de trouver ses repères. Un médecin ayant diagnostiqué à ma fille aînée (un an) une angine lui prescrit des antibiotiques. Je demande à la nounou si elle connaît une pharmacie.

« Oui, il y a le supermarché au bout de l'île.

1. *Compétitivité de la ferme France*, 28 septembre 2022.

— Ils vendent des médicaments au supermarché ? Je n'en ai jamais vu, pourtant j'y vais souvent.

— Non, il n'y a pas de médicaments, mais vous aurez du poulet. Votre fille a besoin de poulet.

— Il lui faut des antibiotiques. Pas du poulet !

— Faites comme vous voulez. »

Quel ne fut pas mon étonnement. Mais la nounou avait raison. Le poulet du supermarché, puisqu'il venait du Brésil, était bourré d'antibiotiques... D'une pierre deux coups, un médicament et des protéines !

En France et en Europe, depuis des années les antibiotiques sont interdits dans nos élevages, sauf à des fins thérapeutiques (c'est-à-dire quand les animaux sont malades). Ce n'est pas le cas ailleurs, plus précisément sur les continents américain et asiatique et dans une grande partie de l'Europe de l'Est. Là-bas, les fermes sont si denses (souvent plusieurs millions d'oiseaux par ferme) qu'on y injecte des antibiotiques tout au long de l'année pour éviter les épidémies. On parle alors d'« antibiotiques de croissance ». Double drame : pour notre santé (quand je mange du poulet, je ne suis pas supposé recevoir en prime une dose d'amoxicilline), mais aussi pour notre environnement (les animaux développent de nouvelles affections antibiorésistantes, ce qui fait peser sur nous tous un grand risque sanitaire).

Cette histoire, je l'ai gardée en mémoire et, une dizaine d'années plus tard, lorsque j'ai été nommé ministre de l'Agriculture et de l'Alimentation, je n'ai cessé de m'en prendre à ce poulet brésilien très médicamenté.

Amis lecteurs, soyez vigilants. Demandez toujours, à la cantine de vos enfants ou dans les restaurants, d'où vient la volaille que vous consommez.

Nous avons modifié la réglementation pour qu'elle impose de renseigner l'origine de la viande. Près d'un poulet sur deux consommés en France est importé. Si vous ne le constatez pas au supermarché (où le poulet reste surtout français), c'est fréquemment le cas dans la restauration ou dans les plats déjà cuisinés.

* * *

Les galettes bretonnes, les lentilles du Puy, la moutarde de Dijon, les tomates et le poulet français ne sont pas les seules victimes de la rentabilité faite sur le dos des Hommes ou de leur environnement. On pourrait chanter aussi la triste histoire des noisettes et des carottes.

Chaque fois la conclusion est la même : nos agriculteurs affrontent une concurrence déloyale. Seule solution : en finir avec ces importations. Si nous allions rendre une petite visite à leur source ?

BRÉSIL

Cerrado
Forêt amazonienne
Surfaces cultivées de soja
VENEZUELA
GUYANA
SURINAME
GUYANE
Océan Atlantique
Amazone
Belem
Manaus
MARANHAO
Uruçui
Rio Parnaiba
BRÉSIL
Rio Uruçui-Preto
PIAUI
TOCANTINS
BAHIA
MATO GROSSO
Brasilia
BOLIVIE
PARAGUAY
Sao Paulo
ARGENTINE
Océan Atlantique
300 km
URUGUAY

Le Brésil, tableau vivant de nos contradictions

Brésil, ô Brésil que j'aime (paroles d'Érik sur une musique de Gilberto Gil)

En 1947, année de ma naissance, le frère de mon père, architecte et clarinettiste, choisit de partir vivre au Brésil. Pour toute notre famille, « l'oncle d'Amérique », c'était lui. Et le Brésil devint notre deuxième patrie.

Le pays de Gilberto Freyre, l'immense historien et sociologue, des écrivains de génie, João Guimarães Rosa ; la terre de contrastes et de métissages tant aimée par Claude Levi-Strauss et Fernand Braudel ; le royaume de la poésie (Carlos Drummond de Andrade, Vinícius de Moraes) et de la musique (Heitor Villa-Lobos mais aussi Caetano Veloso, Baden Powell, Gal Costa)... Autant de divinités chez nous.

Ce Brésil que j'ai parcouru en tous sens, et sa géante forêt Amazonienne, riche en histoires de toutes sortes, dont celle de l'arbre à caoutchouc, qui m'a valu le prix Goncourt.

L'âge venu, nous n'avions pas de doute : une fois libéré de la dictature, ce territoire immense, cette force infiniment diverse, deviendrait les États Unis du Sud, capable de contrebalancer l'omnipotence mondiale de Washington.

Cette espérance était toujours la mienne lorsque, conseiller culturel du président Mitterrand, je l'accompagnai lors de son voyage d'État en octobre 1985. Occasion de rencontrer, tout de suite emporté par la chaleur de son humanité, celui qui allait jouer un si grand rôle, Luiz Inácio Lula da Silva, autrement dit Lula, alors « seulement » président du Parti des Travailleurs.

Pauvre Brésil !

Après les belles années de justice et de fraternité dues à ce même Lula, l'horreur du pire imaginable, la dictature populiste après celle des militaires, le mandat de Jaïr Bolsonaro (2019-2022) à côté de qui Trump paraît Kennedy.

Et maintenant ? Comment relancer l'élan ?

Comment rompre avec les pratiques suicidaires ?

Brésil, mon Brésil, tu portes tant de vies en toi !

Vous savez comment mon ami fraternel, Sebastiao Salgado, le photographe et replanteur de forêts, conclut chacune de nos conversations interminables ? « Alléluia, alléluia ! »

Rendez-vous au Terminus

Le Terminus Nord est une brasserie parisienne située juste en face de la gare du Nord. C'est là que nous retrouvons Sébastien. Ingénieur agronome, il revient de deux années au Brésil, où il a conduit des travaux de recherches sur l'agroécologie. Sa thèse photographie les relations des communautés d'agriculteurs familiaux avec les ingénieurs et techniciens du principal centre de technologies agricoles alternatives, le CAA-NM.

Le terminus, c'est aussi un cul-de-sac. Une voie sans issue. Et si tel était le chemin suivi par le Brésil ? L'histoire agraire de ce pays est étonnante : dans les années 1970, c'est-à-dire il y a à peine cinquante ans, il était importateur net de produits agricoles. Il est aujourd'hui l'une des plus grandes puissances agricoles au monde : premier exportateur de soja, de volaille, de canne à sucre, mais aussi de viande bovine, et deuxième exportateur de maïs et de coton. Par le développement accéléré de l'Agronegócio (c'est-à-dire l'agriculture méga-intensive), au détriment des terres du pays et de la forêt amazonienne.

« Quand on parle d'Agronegócio, il faut imaginer des fermes qui peuvent atteindre jusqu'à 100 000 hectares », nous dit Sébastien.

On parle là d'exploitations géantes. De telles fermes sont nombreuses, et principalement dans le Mato Grosso (« Grande Brousse »), la première zone de production de soja.

« Le secteur de l'Agronegócio tient le pays. Les sommes en jeu sont considérables. Près de la moitié des exportations brésiliennes en dépendent », poursuit Sébastien. Aucun gouvernement ne peut s'y opposer. Les acteurs de l'Agronegócio ont le pouvoir de faire tomber le président s'ils le décident. Historiquement, ils occupent une part importante des sièges au Parlement. Alors, pas étonnant que même le président Lula ait nommé début 2023 à la tête du ministère de l'Agriculture (le MAPA) l'ancien vice-président de l'association des producteurs de soja brésilien.

« À l'inverse, il existe une véritable agriculture familiale. D'ailleurs, le Brésil est, aussi, l'un des pays pionniers en agroécologie et il en a été l'un des berceaux. Mais il s'agit là de deux mondes séparés : l'Agronegócio d'un côté, l'agriculture familiale de l'autre. Ces deux agricultures semblent irréconciliables. » À tel point qu'il y a vingt-cinq ans, le Brésil décida de créer non pas un, mais deux ministères de l'Agriculture : celui de l'Agronegócio (le MAPA, ministère de l'Agriculture et de l'Élevage) et le second pour défendre l'agriculture familiale (le MDA, ministère du Développement agraire).

En 2016, la présidente Dilma Rousseff fut chassée du pouvoir. À coup sûr, sa politique gênait aussi les tenants de l'Agronegócio. Dans les jours qui suivirent sa destitution, sept ministères sociaux furent fermés, dont le MDA… À qui profite le crime ?

Merci Sébastien ! Il est temps de quitter le Terminus Nord et de nous rendre au Brésil.

La règle des 20/80

Première étape : le Cerrado. Ce mot désigne en portugais un espace « fermé et dense ». Situé juste en dessous de l'Amazonie, c'est un écosystème immense (un quart du pays) et d'une formidable biodiversité : plus de 11 000 espèces de plantes, 199 de mammifères, 1 200 de poissons, 180 de serpents. Son climat se caractérise par deux périodes : la saison sèche (de mai à septembre) et celle des pluies (d'octobre à avril). La terre y est rouge, une couleur singulière liée à la présence d'oxyde de fer qui rouille sous l'effet de l'humidité.

C'est au milieu de la savane du Cerrado que le président brésilien Juscelino Kubitschek lança, en 1956, l'incroyable projet d'une nouvelle capitale administrative, Brasília, pour mettre fin à la compétition entre São Paulo et Rio de Janeiro, et rapprocher la capitale du centre de ce pays gigantesque (dix-sept fois la taille de la France). La végétation fut arrachée, un lac artificiel géant créé et une ville sortit de terre. Quatre petites années suffirent entre la pose de la première pierre et l'inauguration. Réalisation grandiose dont les travaux furent dirigés par les géniaux architectes Oscar Niemeyer et Lucio Costa, disciples de Le Corbusier, Brasília est aujourd'hui inscrite sur la liste du patrimoine mondial de l'Unesco.

Depuis lors, la conquête du Cerrado continue. Une faim insatiable le ronge de tous les côtés. Sa savane disparaît au profit de champs infinis.

Cette faim est pourtant encadrée par une règle, qui porte probablement un nom technique mais, ici, au Brésil, on la désigne par deux chiffres : « 20, 80 ».

Il s'agit du pourcentage de nature (arbres, arbustes, plantes pluriannuelles) qu'un propriétaire (agriculteur ou autre) doit conserver quand il exploite un terrain. Le reste, il en fait ce qu'il veut.

Dans le Cerrado, quand on exploite un terrain pour y installer une exploitation agricole, on doit ainsi conserver 20 % de la savane. Autrement dit, on peut couper quatre arbres sur cinq ! À proximité de Brasília, de nombreuses fermes ont été créées pour alimenter la ville nouvelle. Un peu plus loin, au sein de l'État du Mato Grosso (où l'on retrouve toujours la savane du Cerrado), se multiplient d'autres fermes, celles du soja, du maïs et du coton. Ces fermes, qui n'existaient pas il y a quarante ans et sont aujourd'hui parmi les plus intensives au monde, se sont développées à coups d'arrachages massifs (pardon, on a gardé un arbre sur cinq…).

Le Cerrado est moins impressionnant que l'Amazonie. C'est une savane moins haute et moins compacte, moins majestueuse peut-être, alors on en parle peu. Mais le Cerrado est aujourd'hui la première zone de déforestation au Brésil… Sur 1,9 million de kilomètres carrés qui composait cette savane, il n'en reste plus qu'1 million.

En Amazonie, la proportion s'inverse, le pourcentage de nature à conserver passe de 20 à 80. Là-bas, on doit garder quatre arbres sur cinq quand on exploite un terrain. C'est mieux, nous direz-vous. Tout est relatif. D'abord, parce que si mon terrain est immense, en couper 20 % peut représenter des espaces considérables. Ensuite, qui contrôle ? On estime que pendant la période Bolsonaro, moins de 5 % des infractions ont été sanctionnées...

En survolant le Cerrado ou l'Amazonie, vous êtes saisis par la réalité physique de cette règle du « 20/80 ». Les espaces forestiers s'entremêlent avec les plaines agricoles. Mais la jonction entre les deux est le plus souvent... rectiligne ! Les espaces forestiers se terminent en lignes droites, un phénomène qui n'est pas naturel. Et puisque la forêt n'a pas été plantée, c'est qu'elle a été coupée.

C'est dans le Cerrado, à une heure de Brasília, que nous avons rendez-vous avec Neto. À la tête d'une ferme de 800 hectares et d'un troupeau de 400 zébus, son métier est très particulier : la sélection génétique. Il produit des taureaux, qui seront ensuite envoyés partout sur le territoire brésilien.

Des zébus et non des vaches ? Oui. Au Brésil, quand vous mangez un steak, c'est bien souvent du zébu. La raison est simple, il fallait trouver une espèce résistant aux conditions climatiques, notamment aux périodes de forte chaleur.

La ferme de Neto est très réputée. Grand savoir-faire des équipes, protection des animaux (ils sont tous à l'air libre) et volonté d'améliorer la race en produisant des bêtes plus charnues, plus résistantes, donnant plus facilement naissance. L'enjeu est de taille : le Brésil est devenu ces dernières années le premier exportateur de viande bovine au monde. Principal client : l'Asie.

Comme tout agriculteur, Neto nous présente d'abord la carte de son domaine. Conformément à la règle du « 20/80 », un cinquième (même un peu plus ici) de l'espace a été protégé, le reste a été déforesté. Au sud de l'exploitation, deux vastes champs de forme circulaire sont irrigués par un pivot. On y produit du maïs (pour les gigantesques élevages de volaille du pays), du soja et un peu de blé. Si Neto ne nous parle pas d'écologie (le terme ne reviendra quasiment jamais pendant notre discussion), c'est parce que sa préoccupation première est la rentabilité économique.

Comme partout dans le Cerrado, Neto doit batailler contre un sol peu fertile. Ce sol rouge, ferrique, très acide, il faut longuement et constamment le travailler pour qu'il accepte de faire pousser des plantes. On a dû y ajouter du calcaire et encore et toujours de l'engrais. Neto nous indique fièrement qu'à proximité, un de ses collègues a battu le record du monde de la quantité de blé produite sur un hectare. Tout cela avec un sol aussi pauvre…

Une performance coûteuse. Les engrais sont de plus en plus chers. Alors on cherche à les réduire. Une nouveauté a le vent en poupe : les bactéries. Neto en ajoute dans le sol. Par leur action, elles libèrent de nombreuses molécules coincées dans la terre. « Vous vous engagez donc dans une démarche agroécologique ? » À question précise, réponse précise : « Non, c'est parce que c'est beaucoup plus rentable. »

Parfois, l'économie rejoint l'environnement, une réconciliation fortuite, mais nous l'accueillons avec plaisir.

Comme nous traversons les champs de l'exploitation, notre regard est attiré par un homme près de la cuve de son épandeur. Il est en train de traiter le champ de haricots destinés à l'exportation. Une maladie, la mosaïque, sévit en ce moment sur les cultures. On pulvérise un produit chimique. L'ouvrier agricole va débuter le traitement. Il faut d'abord vider la cuve de l'épandeur pour y verser le nouveau produit. Simple comme bonjour, il ouvre les vannes de la cuve au-dessus d'un fossé : un liquide vert y coule. Neto ferme les fenêtres de notre voiture, nous passons vite. Pratique totalement interdite en France, qui ne semble contrarier personne ici. Nous nous trouvons pourtant dans une ferme qui se présente comme modèle pour la protection de l'environnement.

L'engagement de Neto est sincère, mais si loin de nos idéaux.

Tellement plus simple par les airs

À quelques centaines de kilomètres, dans l'État du Mato Grosso, les agriculteurs ont la tête dans les nuages. Imaginez un peu : pour épandre des produits chimiques, ils n'utilisent pas les tracteurs et la précision des pulvérisateurs, mais des avions. Ils larguent le produit depuis les airs ! Ces avions volent au ras du sol, en ligne droite, un aller-retour après l'autre. Et quand ils viennent à passer juste au-dessus d'une maison… leurs habitants n'ont qu'à fermer les fenêtres.

En mai 2013, dans l'État brésilien de Goias, un pilote s'est trompé et, au lieu de pulvériser un champ agricole, a déversé sa cargaison au-dessus… d'une école : plus de quatre-vingt-dix enfants et adultes ont été intoxiqués. Les victimes souffrent encore de ce déluge de pesticides. Si la justice est passée, les responsables n'ont écopé que d'une simple et légère amende. Les témoignages repris dans plusieurs articles de presse sont glaçants : « C'était comme s'il pleuvait sur l'école », « Les enfants étaient couchés au sol et se tordaient de douleur », « Un garçon se frottait la poitrine jusqu'à en saigner ». Le produit largué sur l'école était de l'Engeo Pleno, un insecticide composé de thiaméthoxame et de lambda-cyhalothrine (le premier est un néonicotinoïde et le second un perturbateur endocrinien). Des produits interdits ou limités en Europe, déversés ici en quantité.

La surface où les pesticides sont largués par avion représente plus de 10 % de la surface agricole brésilienne (soit environ l'équivalent de la surface agricole française). Le pays compte plus de 2 180 avions déverseurs, soit la deuxième plus grande flotte après celle des États-Unis (4 000).

Le Brésil est l'un des plus gros consommateurs de pesticides au monde. Parmi eux, le fameux glyphosate. Ce désherbant, comme nous savons, permet de tuer les « mauvaises herbes », lesquelles entrent en compétition avec les plantes cultivées (qui poussent alors moins vite) et se mélangent dans les récoltes provoquant le courroux des acheteurs de blé, soja et maïs (qui ne veulent pas de ces « mauvaises herbes » dans leur cargaison).

En Europe, le glyphosate est utilisé avant la plantation. On traite, puis on sème. Impossible de traiter une fois que la culture pousse, le glyphosate tuerait à la fois les mauvaises herbes et les plantes cultivées.

Mais pour les acteurs de l'Agronegócio, pas question de vivre avec le risque de voir de mauvaises herbes repousser au milieu du champ. Les chercheurs ont trouvé la solution : les OGM. Du soja génétiquement modifié qui résiste au glyphosate… Le tour est joué. Plus besoin de s'embêter : on peut arroser par le ciel des champs de soja au glyphosate tout au long de la culture. Seules les mauvaises herbes seront tuées et le soja restera en bonne santé, même recouvert de glyphosate !

Le Mato Grosso, l'un des vingt-six États brésiliens, est devenu en quelques décennies le grenier agricole du Brésil. Le groupe Amaggi, fondé à la fin des années 1970, cultive aujourd'hui 362 000 hectares et produit chaque année 1,2 million de tonnes de soja, maïs ou coton. Il est dirigé par le fils du fondateur, Blairo Maggi, qui a été deux fois élu gouverneur de l'État… Le groupe Bom Futuro, créé au milieu des années 1990, cultive aujourd'hui près de 580 000 hectares, avec une production annuelle de l'ordre de 1,7 million de tonnes.

À l'évidence, il aurait été utile d'aller là-bas pour observer par nous-mêmes ces fermes immenses, ces flottes d'avions, ces bidons de produits phytosanitaires, ces espaces sans haies (aucune, jamais), ces champs de soja génétiquement modifiés, ce coton irrigué en puisant dans les nappes phréatiques, cette ancienne savane devenue plaine sans saveur, ce sol rouge gavé d'engrais pour pouvoir produire, produire et encore produire. Mais nous avons dû nous résigner à nous abstenir, « notre sécurité ne pouvant y être assurée », comme on nous a dit, gênés, à l'ambassade. La faute à mes fortes réserves (Julien), émises quand j'étais ministre, à l'encontre de ce modèle surproductiviste brésilien.

Les agriculteurs du Mato Grosso n'aiment pas qu'on les critique… D'aucuns diraient qu'ils sont les cow-boys du XXIe siècle. Par idéologie, par mimétisme avec l'Amérique ? En tout cas, tout y fait penser : mode de vie, de transports, vêtements, pratiques agricoles… Même l'état d'esprit : « Une conquête territoriale pour aller chercher des terres, les exploiter et gagner de l'argent, le plus possible. » Oui, le Far West des temps modernes se trouve ici.

Des pratiques venues d'ailleurs. Même si certains tentent de faire bouger les lignes.

Le Cri de la Terre

Le Cri, du peintre norvégien Edvard Munch, représente un homme à la tête mystérieuse, aux airs de momie, se couvrant les oreilles de ses mains, la bouche grande ouverte. L'artiste en a fait cinq versions au tournant du XXe siècle. Chacune symbolise son anxiété, une angoisse existentielle. Edvard Munch, dans son journal intime, indiqua en 1982 : « Je me promenais sur un sentier avec deux amis – le soleil se couchait –, tout d'un coup, le ciel devint rouge sang. Je m'arrêtai, fatigué, et m'appuyai sur une clôture – il y avait du sang et des langues de feu au-dessus du fjord bleu-noir de la ville –, mes amis continuèrent, et j'y restai, tremblant d'anxiété – je sentais un cri infini qui passait à travers l'Univers et qui déchirait la nature. » Contrairement à ce qu'on pourrait penser au premier abord, le « Cri » ne vient donc pas de l'Homme représenté, mais bien de la nature elle-même…

Grito da terra Brasil signifie « Cri de la terre brésilienne ». Titre de l'affiche qui trône dans la salle de Brasília où Luiz nous reçoit. Il est responsable de la CONTAG (association de soutien à l'agriculture familiale au Brésil). Cela fait vingt-cinq ans qu'il défend avec force ces agriculteurs. Il est lui-même fils de l'un d'entre eux. Cette agriculture familiale se caractérise par une taille réduite (de quelques hectares à quelques centaines d'hectares), des conditions de travail dignes (un nombre limité de salariés et qui ne sont pas exploités), des agriculteurs qui habitent véritablement sur la ferme, à la différence des grands investisseurs.

Cette agriculture familiale ne représente que 30 % des terres, mais 70 % des agriculteurs.

« Est-ce que le cri de la terre a été entendu ? » « Oui et non », nous répond Luiz.

C'est la CONTAG qui a obtenu la création du ministère dédié à l'agriculture familiale en 1998, le MDA. « Mais la devise de l'Agronegócio est qu'il n'existe qu'une seule agriculture. Comme si une ferme de quelques dizaines ou centaines d'hectares pouvait rivaliser avec des fermes mille fois plus grosses ! »

« La fissure est éternelle », selon Luiz. Des mots d'une profonde violence, qui résonnent dans cette grande salle aussi climatisée que sombre de la banlieue de Brasília. Impossible réconciliation.

« Allez en Amazonie, nous repète Luiz, vous y constaterez l'ampleur des dégâts. »

Jonction

C'est dans la ville de Santarem que se réunissent le cours inférieur de l'Amazone et celui du Tapajos (dont le nom vient d'une tribu d'Indiens de la région de Santarem).

Imaginez un peu : si vous prenez tous les fleuves français, vous obtenez une masse d'eau trois fois plus petite que le seul Tapajos, lui-même dix fois plus petit que l'Amazone…

Et cette jonction est avant tout un mélange de couleurs : d'un côté, les eaux du Tapajos, qui sont claires, de l'autre les eaux de l'Amazone, foncées et troubles. Telle une œuvre de Rothko, en face de la corniche, ces deux couleurs se superposent : au premier plan le bleu/vert du Tapajos, juste derrière le marron foncé de l'Amazone. Les cours d'eau ne se sont pas encore mélangés, ils se juxtaposent, la fusion arrivera bientôt. Un tableau large de plusieurs kilomètres…

Santarem, fondée au XVIIe siècle et comptant aujourd'hui 356 000 habitants, a l'apparence d'une ville côtière de bord de mer mais n'en a ni la musique ni les parfums. Elle se situe au milieu des terres, à un millier de kilomètres de l'embouchure atlantique de l'Amazone. Dans la ville, point de mouettes mais des urubus, de la famille des vautours. L'activité bat son plein, surtout sur la corniche, où les bateaux qui relient les villes amazoniennes font escale pour remplir les cales. De larges embarcations en bois de deux étages à l'intérieur desquelles sont fixés des hamacs, les uns à côté des autres. Les passagers pourront y dormir pendant les jours de descente ou de remontée du fleuve. L'église, superbe bâtisse bleue du XVIIIe siècle, veille sur ce ballet. Des bâtiments désordonnés l'entourent, noircis par l'humidité ambiante.

La ville s'est transformée depuis vingt ans avec le commerce des céréales. Santarem est devenu « Port Cargill » comme on l'appelle ici, du nom de la multinationale américaine spécialisée dans la fourniture alimentaire. Toujours le même spectacle. Ni joli, ni gracieux, il est pourtant saisissant : chorégraphie logistique. Là, des millions de tonnes de soja et de maïs sont chargées à bord d'immenses vaisseaux qui attendent d'être gavés pour ensuite redescendre l'Amazone jusqu'à l'océan.

En ce jour d'avril, nombreux sont les supertankers accostés à Santarem, le *Tufty* (19 800 tonnes), le *Libra Confidence* (35 800 tonnes), le *Kiwi Arri* (35 000 tonnes), le *Four Rigoletto* (23 500 tonnes)…

« Le port de Santarem est le troisième plus grand port du Brésil, ici, au milieu de la forêt amazonienne. »

Paroles du maire de Santarem, qui nous accueille chaleureusement.

Dernières nouvelles d'Amazonie

Claudio, chercheur brésilien ayant étudié à Montpellier, est probablement l'un des plus grands spécialistes de la déforestation amazonienne. Depuis vingt ans, il travaille pour un programme à l'Instituto Nacional de Pesquisas Espaciais (INPE). Chaque jour, avec ses équipes, il mesure grâce aux données satellitaires l'avancée du désastre. Un travail d'orfèvre : la forêt est découpée en carrés de quelques dizaines de mètres. Dès qu'un arrachage massif est repéré, l'alerte est donnée. Même si peu aboutissent à un contrôle, Claudio en est convaincu, c'est grâce à un tel travail qu'on arrivera à endiguer le phénomène. « Vouloir savoir et oser dire », disait l'abbé Pierre. Claudio s'inscrit dans cette lignée. L'ensemble des données sont rendues publiques chaque semaine. Vous pouvez les consulter sur la page Internet de l'INPE.

C'est dans les locaux de l'INPE à Belém (ville mythique à l'embouchure du fleuve Amazone) que Claudio nous présente les dernières nouvelles d'Amazonie. Les chiffres restent effrayants, mais Claudio se veut optimiste :

– l'Amazonie a perdu aujourd'hui 20 % de sa surface : plus de 838 000 kilomètres carrés (soit une fois et demie la France) ;

– sous le président Bolsonaro, chaque année plus de 10 000 kilomètres carrés supplémentaires étaient perdus. Ce comportement de « géophagie » (manger des terres), l'ancien président brésilien l'assumait pleinement, se qualifiant lui-même de « Capitaine tronçonneuse » ;

– la déforestation a reculé de 31 % sur les cinq premiers mois du mandat du président Lula, dont l'élection a créé un nouvel espoir. La route est encore longue. Un paquebot lancé à grande vitesse met toujours du temps à s'arrêter…

Un nouveau commerce triangulaire

Le commerce triangulaire, pratique honteuse qui connut son apogée au XVIIIe siècle, consistait en un vaste échange tripartite fondé sur l'inhumanité. Les bateaux partaient d'Europe chargés de produits (textiles, vins, armes), direction l'Afrique, où ils étaient échangés contre des esclaves. Ils prenaient ensuite le chemin du continent américain, où les esclaves étaient vendus. Les bateaux revenaient en Europe les cales remplies de productions locales (coton, canne à sucre, tabac ou métaux précieux).

Le Brésil fut une terre active dans ce commerce triangulaire. Les esclaves étaient envoyés dans les plantations de canne à sucre, notamment dans le sud du pays, où le besoin en main-d'œuvre était grand. Ce n'est qu'en 1888 que l'esclavage fut aboli au Brésil, l'une des dates les plus tardives au monde. Entre-temps, certains avaient réussi à fuir et se réfugier dans les épaisses forêts amazoniennes.

Et si nous avions inventé la version moderne du commerce triangulaire ? Et si les écoliers sur qui, en 2013, a été déversé par avion le pesticide Engeo Pleno dans l'État du Goia en étaient les victimes ?

Quel est ce nouveau « triangle » ?

Premier point : l'Europe, qui fabrique des produits phytosanitaires, y compris ceux qu'elle n'a pas le droit d'utiliser sur son sol.

Deuxième point : le Brésil, qui en achète en masse (il est aujourd'hui le deuxième client de l'Europe sur ce marché). Les produits sont chargés dans les ports européens direction le Mato Grosso et ailleurs. Là-bas, les pulvérisateurs s'activent, puis les récoltes sont chargées dans des bateaux qui reviennent sur le continent européen (et de plus en plus l'Asie).

Troisième point du triangle : une nature qu'on exploite jusqu'à ce que ses arbres disparaissent, la biodiversité s'éteigne et les écosystèmes se dégradent. Une nature qui ne peut se libérer de l'Agronegócio.

Et nous sommes complices de ce désastre puisque nous achetons au Brésil près de 15 % de sa production de soja et 9 % de sa production de viande.

L'Europe tente de s'extraire progressivement de ce nouveau commerce triangulaire. La France a été motrice. Pendant sa présidence du Conseil européen, au premier semestre 2022, elle a fait adopter une nouvelle réglementation qui vient interdire l'importation de tous les produits issus de la déforestation.

Une niche ou la norme ?

Retour en France. Le Cabaret sauvage est une très charmante salle de spectacles, coincée entre le périphérique nord de Paris et le parc de la Villette. C'est là, dans la soirée du 13 mars 2023, que Max Havelaar avait choisi de célébrer son trentième anniversaire. Un choix plein de pertinence ! Comment mieux résumer le commerce international qu'en le qualifiant de « cabaret sauvage » ?

Mais qui est Max Havelaar ? C'est d'abord le titre d'un roman néerlandais, paru en 1860, qui dénonce l'exploitation coloniale à Java, repris par cette association qui lutte pour un commerce plus équitable (*fair trade*) en accordant un label aux entreprises respectant un certain nombre de règles : juste rémunération des producteurs et notamment des femmes, interdiction du travail des enfants, souci prouvé de l'environnement.

Un réel progrès. Surtout la preuve que la sauvagerie n'est pas obligatoire : oui, il est *possible* d'être en même temps commerçant et humain. Cette *possibilité* étant établie, la contagion de l'exemplarité peut agir : je le fais, et avec un profit raisonnable, alors pourquoi pas vous ?

Qui ne souscrirait à cette démarche ? Raison pour laquelle nous étions nombreux à applaudir, ce soir-là, le beau Max et ses équipes. Non sans que nous vienne en tête cette interrogation de bon sens : franchement, n'est-ce pas l'*entièreté* du commerce qui devrait être *équitable* ? En d'autres termes, cette *niche* (de l'équitable) ne devrait-elle pas devenir, au plus vite, la *norme* ?

Mais, pour cela, il nous faut revenir sur les règles du commerce international. Il est temps de se remémorer Ricardo.

Intermède :
notre nuit avec un certain Ricardo, une histoire de virgule

L'amitié, surtout lorsqu'elle se fête au whisky, se moque des frontières. Dès la première gorgée, on vole au-dessus des frontières, frontières de l'espace ou frontières du temps. C'est ainsi qu'un certain soir, nous étant accordé, après une dure journée de travail, un petit Lagavulin de quinze ans d'âge, nous vîmes apparaître devant nous un gentleman poudré dont le visage nous disait quelque chose.

« Je me présente : David Ricardo, né le 18 avril 1772, philosophe, économiste, agent de change et député. De l'au-delà où malheureusement je réside depuis mon décès le 11 septembre 1823, je suis avec intérêts vos travaux sur les contradictions. Alors, si je puis vous apporter quelque soutien... Il se trouve que j'ai commis en 1815 un petit essai sur l'*Influence du bas prix des blés sur les profits du capital montrant le vice des restrictions dirigées contre les importations.* »

Nous avons accueilli avec bonheur ce gentleman. Et qu'importe s'il parlait anglais. Il est scientifiquement prouvé que le goût de tourbe présent dans certains breuvages écossais procure le don des langues.

« En mon temps, en 1815, les acteurs étaient différents, mais l'enjeu était le même : comment nourrir notre population ? Certains, comme cet imbécile de Malthus, répétaient que notre développement économique ne pourrait jamais faire face à l'augmentation de notre démographie. Il voulait réduire, drastiquement, la natalité. Moi, je n'étais pas d'accord. Il faut dire aussi que je suis issu d'une famille de dix-sept enfants ! Je faisais partie de ceux qui croyaient en une solution. »

Nous étions tout ouïe. Dorénavant, fini le whisky ! Nous n'allions plus boire que les paroles de ce David plus vivant que nous, malgré le fait, indéniable, de son trépas.

« Quelle solution ?

— Mais le commerce, bien sûr ! Et le commerce entre les États ! C'est bon pour lutter contre la pauvreté, c'est nécessaire pour votre développement économique, c'est utile pour votre pays, car vous importez des produits à moindre coût.

— Objection, votre honneur ! Plus vous commercez, plus vous devenez dépendant !

— Pardonnez-moi, mais je crois entendre certains de mes collègues députés. Quand votre odieux Napoléon nous a imposé le blocus interdisant à toute l'Europe d'échanger avec l'Angleterre, le coût du blé a énormément augmenté sur notre île. Et nous avons été contraints de cultiver des terres moins fertiles, mais qui devenaient rentables. Lorsque le marché s'est ouvert, nous étions plus autonomes, mais nous pouvions acheter moins cher ailleurs. Alors, les plus idiots parmi mes collègues ont fait voter des lois pour nous interdire d'importer et ainsi maintenir chez nous des prix élevés et soutenir notre agriculture. Absurdité ! Il fallait au contraire acheter du blé le moins cher possible et nous spécialiser dans les productions où nous étions meilleurs, par exemple le textile.

— Ne vous méprenez pas, monsieur Ricardo. Nous avons fait des études. Et nos professeurs nous ont rabâché votre très fameuse théorie des… avantages comparatifs ! Comment refuser l'évidence ? Chaque pays dispose bien sûr de ressources que d'autres n'ont pas : les matières premières, la qualité de la terre, la formation de la population, l'accès à l'énergie. Mais suivre votre logique, celle de l'ultralibéralisme, revient à perdre sa souveraineté ! Dès qu'une crise survient, vous vous retrouvez esclaves. Regardez le piège du gaz russe dans lequel est tombée la toute-puissante Allemagne.

— Je reste convaincu des bienfaits de l'échange. À partir du moment où nous sommes pleinement dépendants les uns des autres, le coût de la guerre est trop fort, le prix de la haine trop élevé, et seule la paix s'avère profitable.

— La paix par le commerce ! Encore faudrait-il que, chez les humains, la raison (même cette toute petite partie de la raison qu'on appelle le profit) ne soit pas balayée par toutes les folies dont nous sommes capables, la guerre, bien sûr, mais aussi la croissance débridée aux dépens de l'environnement ! Aujourd'hui, votre théorie permet à des pays de tirer leur "avantage comparatif" de la destruction de l'environnement, c'est ce que nous avons vu au Brésil. Ça ne peut pas durer. Il faut actualiser votre théorie, monsieur Ricardo. Il faut y ajouter une restriction : l'avantage comparatif, "*sauf quand il est fondé sur la dégradation de l'environnement*" !

— Nous sommes d'accord. Il faut des règles aux échanges. Votre Organisation mondiale du commerce a été créée pour les définir, il me semble. »

Pauvre OMC ! Avez-vous vu gendarme plus impuissant ? Nous n'avons pas eu le cœur de décourager Ricardo. Il faut se montrer doux avec les revenants, autrement ils nous quittent. D'ailleurs, nous devions avoir épuisé son temps de sortie. L'heure avait sonné pour lui de regagner son au-delà. Il s'est évanoui peu à peu, comme s'il entrait dans une brume.

Miroir magique ?

« Miroir magique », souvenez-vous, cette phrase censée nous protéger d'une boule de feu imaginaire lancée par l'un de nos petits camarades.

La « clause miroir » est le moyen dont dispose l'Europe pour lutter contre les importations déloyales et ainsi revoir, sans attendre l'OMC, les conséquences redoutables des théories de Ricardo.

Un miroir, non pas pour nous dire que nous sommes les plus beaux, car tel n'est pas le cas. Mais pour éviter que la laideur de certains ne nous emporte, que nos efforts ne soient réduits à néant.

Comme le disait Jean Cocteau : méfiez-vous des miroirs, ils réfléchissent. Dans ce cas, leur réflexion devrait nous conduire à cette évidence : « Ce qui n'a pas le droit d'être produit en Europe pour respecter l'environnement ne devrait pas avoir le droit d'y être importé. »

Le diméthoate est un insecticide utilisé dans la culture de la cerise. Il permet de lutter contre la mouche asiatique *drosophila suzukii*. Il figure parmi les produits à forte toxicité et la France a interdit son utilisation dès 2016, l'Europe en 2019. Mais, au même moment, les cerises turques (pour lesquelles du diméthoate est utilisé) pouvaient continuer à être importées. Bienvenue en absurdie. Heureusement, Bruxelles a sorti la « clause miroir ». Les cerises turques n'avaient plus qu'à bien se tenir.

Hélas, l'Europe est parfois lente, y compris face à des situations inacceptables comme celles du poulet bourré aux antibiotiques dont nous vous avons déjà parlé. Puisque depuis des années cette pratique était interdite sur notre Vieux Continent, il allait de soi que l'importation de ces viandes toxiques devait cesser. Question de sécurité alimentaire pour nos concitoyens et de justice pour nos agriculteurs.

Les législateurs européens (le Parlement et le Conseil) avaient voté pour qu'une telle clause s'impose avant le 1er janvier 2022. Charge à la Commission européenne de la mettre en œuvre. Mais cette dernière procrastinait.

Le 31 décembre 2021, toujours rien… Le 1er janvier 2022, non plus…

Face à cette lenteur, j'ai (Julien) signé un décret interdisant l'importation de ces viandes en France. Certes, ce décret national n'avait qu'un effet limité (de telles interdictions n'ont de sens qu'au niveau européen, puisque nous sommes dans un marché commun) et était même illégal (car c'est une compétence européenne), mais il avait l'immense avantage de piquer au vif la Commission européenne et de la forcer à agir.

Comprenons que cette lenteur reflète la réticence profonde des pays européens les plus libéraux (Allemagne, Pays-Bas, pays nordiques...), pour lesquels toute entrave au commerce international représente une menace... pour leurs exportations.

Importer du poulet aux antibiotiques, des cerises au diméthoate ou privilégier nos exportations de voitures et de machines-outils ? Il faut choisir.

IV

PRODUIRE, NE PAS PRODUIRE : TELLE EST LA FAUSSE QUESTION

L'accès de tous à l'alimentation est la mère des batailles. Qui peut accepter la malnutrition à travers le monde ? Qui peut se dire non concerné ?

Selon une étude de l'ADEME (l'Agence française de la transition écologique), la France jouit d'une surface agricole suffisante pour nourrir sa propre population (28 millions d'hectares pour une population de 68 millions, soit un ratio de 0,41). L'Europe, elle aussi, dispose d'une surface agricole suffisante (ratio de 0,39). À l'échelle du globe, on pourrait même se dire que tout va bien puisque le ratio est supérieur à 0,5.

Erreur !

En France, près des deux tiers de la surface agricole utile sont occupés par des cultures, le reste étant principalement des prairies permanentes destinées à nourrir le bétail. Ailleurs sur notre planète, c'est l'inverse : un tiers seulement de cette surface agricole utile correspond à des terres cultivables. Et ces dernières sont très inégalement réparties selon les continents et les régions.

Certes, nous devons revoir nos régimes alimentaires. Certes, nous devons réduire drastiquement cet invraisemblable gâchis, le gaspillage alimentaire. Certes, nous devons contrôler l'appétit des villes, prêtes à dévorer toujours plus de champs pour s'étendre. Mais ces progrès, de bon sens, n'empêcheront pas cette réalité : dans un grand nombre de pays, les terres cultivables ne suffisent pas, et suffiront de moins en moins, pour nourrir leur population.

Une mission nourricière

En juillet 2023, la FAO a publié son nouveau rapport sur l'État de la sécurité alimentaire et de la nutrition dans le monde. C'est peu dire que les chiffres effraient. Le nombre de personnes touchées par la faim est d'environ 735 millions, soit 122 millions de plus qu'en 2019. 9,2 % de la population mondiale. Lorsqu'on parle de personnes en situation d'insécurité alimentaire grave ou modérée, ce chiffre passe à 2,4 milliards, soit plus d'un quart de la population mondiale, habitant en particulier en Asie du Sud, en Afrique de l'Est et en Afrique de l'Ouest. La guerre en Ukraine a fait peser une pression encore plus forte sur le système alimentaire mondial. Il faut dire que la Russie et l'Ukraine représentaient à elles deux 30 % des exportations mondiales de blé, 20 % des exportations mondiales de maïs et près de 80 % des exportations de produits à base de graines de tournesol. La Russie est par ailleurs l'un des principaux exportateurs d'engrais au monde ; or, sans engrais, point de nourriture pour les plantes, et donc des cultures en risque.

La faim n'a donc jamais été autant d'actualité. Au même moment, l'Organisation mondiale de la santé dénombrait plus de 700 millions d'obèses à travers le monde. Formidable inégalité dans la répartition de l'alimentation : l'abondance d'un côté, la pénurie de l'autre.

Et le gaspillage ! Savez-vous quelle quantité d'aliments est perdue chaque année ? Plus d'1 milliard de tonnes, soit l'équivalent d'*un tiers de la production totale* des denrées alimentaires à destination de la consommation humaine. Productions éliminées après récolte faute de moyens logistiques suffisants tels que la chaîne du froid, ou ayant dépassé la date de péremption, et véritable gaspillage alimentaire (surplus non consommé par les particuliers et jeté dans les poubelles).

N'oublions pas qu'une grande partie des personnes souffrant aujourd'hui de faim à travers le monde sont… des agriculteurs, faute de soutiens suffisants et à cause d'une diminution de l'agriculture vivrière.

Ces chiffres inquiétants risquent de s'aggraver en raison d'une nouvelle contrainte : le manque croissant de terres disponibles. Le GIEC (le fameux groupe d'experts sur le climat) estime que 8 à 10 % des terres arables (c'est-à-dire cultivables) pourront devenir inexploitables d'ici à 2100 du fait du changement climatique. Cette perte se fait déjà ressentir, avec des chutes de rendement de plus en plus fortes en Afrique ou dans certaines parties d'Europe du Sud. Les récits font froid dans le dos, les perspectives encore plus. Surtout avec une population qui devrait atteindre les 10 milliards à la fin du siècle.

Dans ce contexte, n'avons-nous pas, nous, pays européens, mieux dotés par Dame Nature, un rôle nourricier vis-à-vis de ceux qui n'ont pas la capacité de produire assez pour nourrir leur peuple ?

Et pendant ce temps, rencontre avec la SCAEL

Une coopérative agricole est un regroupement d'agriculteurs qui mettent en commun leurs cultures et développent des outils industriels permettant la transformation de leurs produits. Les coopératives deviennent alors non seulement le lieu de collecte, mais aussi de la valorisation. Au fil des décennies (les premières coopératives ayant été créées à la fin du XIXe siècle), elles sont devenues des piliers du secteur agro-industriel : par exemple Limagrain, dans la plaine de la Limagne, près de Clermont-Ferrand, avec plus de 2 milliards d'euros de chiffre d'affaires (et des marques très connues, comme Jacquet et Brossard), In Vivo, union de coopératives agricoles dans le secteur céréalier (12 milliards), ou encore Cristal Union et Terreos, dans le secteur sucrier. Autant de fleurons français.

Comparée à ces géants, la SCAEL semble toute petite avec son 1,5 milliard d'euros de chiffre d'affaires. En ce mois de décembre 2022, cette coopérative de 3 500 agriculteurs, qui collecte puis commercialise les céréales produites en Eure-et-Loir et dans les départements limitrophes, fête son cent trente-sixième anniversaire. Depuis ses origines, la SCAEL, qui bénéficie de la proximité avec le port de Rouen, exporte une large partie de sa production. Tout au long de la réunion, une même question revient : doit-on continuer à exporter ? Vendre ailleurs ? La France produit en moyenne 33 millions de tonnes de blé tendre chaque année, dont près de la moitié (17 millions) vont, principalement, vers les pays d'Afrique du Nord (Maroc, Algérie, Égypte), mais aussi en Europe (Belgique, Espagne, Italie, Pays-Bas) et depuis quelques années vers la Chine.

Dans la salle, on s'interroge. Les critiques sont connues. Pourtant, personne n'a le sentiment de mal faire. Un membre de la coopérative, à la tête d'une exploitation céréalière non loin de Chartres, résume l'état d'esprit général.

« Pourquoi produire est-il devenu un gros mot chez nous ? Est-ce mal de nourrir aussi les pays de l'autre côté de la Méditerranée ? Si nous ne le faisons pas, ce sera la Russie. Est-ce vraiment cela que nous voulons : rendre d'autres pays dépendants de la folie russe ? » Il est applaudi. Soutien fraternel de ses pairs.

En France, dans toutes les couches de la société, la question monte : « Pourquoi ne pas produire uniquement pour nous-mêmes, pour notre marché national, pour nos besoins ? Pourquoi mettre en tension nos propres ressources (eau, terre, biodiversité) pour exporter ? »

Il est temps pour nous de partir en Ukraine.

UKRAINE
Route que l'Ukraine souhaiterait faire reconnaître comme corridor de navigation
Ancien corridor maritime sécurisé pour l'exportation des denrées agricoles ukrainiennes
Port ukrainien d'exportation de céréales
Port alternatif le long du Danube
RUSSIE
Kiev
UKRAINE
Dniepr
Dniestr
Transnistrie, territoire séparatiste contrôlé par les prorusses
MOLDAVIE
Tchornomorsk
Odessa
Pivdenne
Izmaïl
Reni
ROUMANIE
Crimée, annexée depuis 2014
Kertch
Sébastopol
Danube
Mer Noire
BULGARIE
Frontières maritimes
Détroit du Bosphore
Istanbul
TURQUIE
Détroit des Dardanelles
Vers la Méditerranée
100 km
Source : MarineTraffic

L'Ukraine ou la production contre l'ogre russe

Le sac à dos et l'enfant

Début mars 2023. Quittant la Roumanie, un bac traverse le Danube. Et nous voilà en Ukraine. L'Ukraine en guerre. Devant nous, des familles s'embrassent. Adieux déchirants. Est-ce l'enfant qui porte le sac à dos, ou le sac à dos qui tient l'enfant ? Partout dans le monde, l'enfant aime porter ce sac qui le dépasse. Pour la première fois, il se sent grand. Il l'emportera à l'école, peut-être même pour faire des courses. Il pourra y accumuler, conserver, préserver. Il aura chez-lui un ami et personne ne le lui enlèvera. L'enfant protège le sac à dos, et non l'inverse. Mais en ce matin de mars, les rôles ont changé. C'est le sac à dos qui semble de couleur vive tellement l'enfant est pâle. Lui qui est sec alors que les joues de l'enfant sont humides. C'est le sac à dos qui paraît joyeux alors que l'enfant pleure. Ô tristesse, tu renverses l'ordre logique des choses quand l'enfant devient faible et le sac à dos fort. Car la mère et l'enfant vont monter sur le bac qui bientôt repartira vers la Roumanie. Le père doit rester. Pour défendre son pays. Direction le front.

Premiers pas en Ukraine. À côté de son drapeau bleu et jaune, maintenant bien connu, flotte celui de l'Europe. Vous qui doutiez d'elle, venez donc ici, sur sa frontière menacée. Des soldats en treillis, kalachnikov battant dans le dos, ont remplacé les douaniers. Le ciel est clair, d'où peut à chaque instant tomber un missile, surgir un drone.

Derrière notre bac, au milieu du fleuve, un énorme bateau charge des sacs, d'autres sacs, des dizaines et des dizaines de sacs, bien plus gros que celui de l'enfant. L'Ukraine reste le cinquième exportateur de blé.

Nos amis français, Clément et Olivier, nous attendent. Ils sont agriculteurs, originaires d'une région bien connue depuis le général de Gaulle : les alentours de Colombey-les-Deux-Églises. Ils étouffaient dans des exploitations trop petites et sont arrivés ici il y a dix ans. Ils ont commencé timidement, avec 2 000 hectares. Ils en exploitent aujourd'hui dix fois plus… Nous montons dans leur car noir Volkswagen. Première étape, la ville d'Izmaïl, à deux heures de la frontière. Première leçon de géographie. Transportons-nous quelques siècles avant Jésus-Christ, dans la bonne ville d'Athènes, phare de la pensée, mais où tout le monde souffre d'une maladie qui tord le ventre : la faim. Car, quoi qu'affirment certains purs esprits, la philosophie ne nourrit pas son homme. Les autorités envoient une mission chercher des terres d'où l'on pourrait importer le blé nécessaire à la survie des penseurs. La réputation des abords si fertiles d'une vaste étendue d'eau, là-bas, vers le nord-est, du côté de l'Asie, le Pont Euxin, « Pontos Axeinos », n'est plus à faire. *Axeinos* veut dire sombre, inhospitalier, mais le vocable tout proche *euxeinos* signifie l'exact contraire : accueillant, hospitalier. Dans l'esprit des Anciens, cette mer est ainsi tour à tour bienveillante et menaçante. Rien n'a changé, deux millénaires plus tard. Et pourquoi cette couleur noire ? La raison serait une algue y proliférant et dégageant un gaz qui empêche de voir le fond. Il s'agit bien de la mer Noire.

Revenons à nos moutons, ou plutôt à notre blé. Les envoyés d'Athènes ne mettent pas longtemps à trouver ce qu'ils cherchent : un jardin où tout pousse comme par miracle. Sans aucun doute le paradis terrestre. Qui décidera de le baptiser Izmaïl ? Mystère. Mais aucune appellation ne pouvait mieux convenir à ce morceau d'éden. Ismaël, dans la Bible, est le fils d'Abraham si longtemps attendu. Ismaël au sens strict : « Dieu a entendu ma demande. »

Izmaïl, trop riche pour n'être pas perpétuellement et férocement convoitée. Son histoire dit tout de l'attrait de cette cité bénie : tour à tour colonie grecque, escale génoise, port de Valachie puis de

Moldavie, place forte ottomane conquise par le général russe Souvorov en 1790, vidée de ses Turcs et de ses mosquées, rasées et remplacées par d'innombrables églises (de la Dormition, de l'Intercession de la Sainte Vierge, des Rois Mages, des Vieux-Croyants…), rendue à la Moldavie après la guerre de Crimée (1856), revenue aux Russes vingt ans plus tard, de nouveau moldave, un temps roumaine soviétique, enfin ukrainienne depuis août 1991.

Entre-temps, les sédiments du grand fleuve Danube ont comblé le golfe de la mer Noire, si bien qu'Izmaïl se trouve désormais au bord du grand fleuve.

Débouché naturel depuis toujours pour tous les grains produits dans cet éden, Izmaïl a aussi construit sa prospérité sur sa base militaire et son arsenal. Trop riche Bessarabie ! Quand on est bénie des dieux, on est jalousée des hommes, il importe donc d'être défendue par des soldats.

Aujourd'hui, Izmaïl s'est reconvertie en port, d'où partent les grains ukrainiens vers les affamés du monde. Partent ou tentent de repartir. Car, avant de lancer ses chars, Poutine a fourbi l'arme du blé.

Depuis des années, en même temps qu'elle s'est armée, la Russie a augmenté sa production (passant de 35 millions de tonnes de blé en 2000 à plus de 90 millions aujourd'hui) et arrosé de son blé de nombreux États (Égypte, Liban, Turquie, Sénégal…). Elle y a fait pousser la pire des plantes : la dépendance.

Cher enfant au sac à dos, tu apprendras plus tard qu'il y a dans la vie deux personnes à cajoler : ton banquier et celui qui te nourrit. Cette leçon, Vladimir Poutine l'a bien comprise. Année après année, il s'est constitué une terrible arme alimentaire. La sécurité de la faim est aujourd'hui menacée. Si, demain, les autres producteurs mondiaux de blé (l'Union européenne, l'Australie, les États-Unis, l'Argentine, le Canada) ne parviennent pas à le fournir en quantité suffisante, alors le monde entier mangera dans la main de l'ogre Poutine.

Amour printanier

« Entrer en amour » : quelle belle phrase empruntée à Richelet (rédacteur d'un des premiers dictionnaires français) pour désigner le printemps. La sève monte à l'intérieur des plantes, les bourgeons éclosent et la vie reprend. Le printemps ou la première des saisons. Le pont entre le froid et le chaud, entre le sommeil et le réveil, entre la terre et le ciel.

La guerre n'empêche pas l'entrée en amour, aussi terrible soit-elle. Et ce printemps, dans la ville ukrainienne d'Izmaïl, a une saveur particulière. Les habitants attendent par dessus tout… la pluie. Le changement climatique est là aussi. Décidément, le ciel n'est plus un ami. Sans parler de toutes ces terres arables minées par les Russes.

Alors, à Izmaïl, comme dans le reste de l'Ukraine, on se demande quoi semer en cette période.

Et le printemps, comme toute histoire d'amour, est injuste. Celles qui finissent bien sont moins nombreuses que les autres. Le blé connaît la ritournelle. Il y a le blé d'hiver, semé en septembre et récolté en juillet, et le blé de printemps, semé en avril et récolté en septembre. Le drame du blé de printemps est qu'il est beaucoup moins fertile que le blé d'hiver. Emporté par la vitesse de la vie printanière, il n'a que quelques mois pour faire ses preuves : en conséquence, moitié moins de rendement. Avec le manque d'eau, les agriculteurs d'Izmaïl s'interrogent sur la possibilité de continuer à planter du blé printanier. À l'inverse, le blé d'hiver russe se frotte les mains : avec le changement climatique, son rendement augmente. Satané hiver, triste printemps : les productions russes explosent là où celles de l'Ukraine diminuent.

Mais on retrouve un peu d'amour en se disant qu'à défaut de blé on plantera des tournesols. Ceux-là mêmes qui se tournent vers le soleil et le suivent. Les Russes, après avoir emporté la paix, ne peuvent emporter l'amour printanier. L'Ukraine résiste. L'amour perdure.

Dernières nouvelles de l'immensité

L'immensité fascine. On la jalouse autant qu'on la déteste. Génératrice de puissance, souvent d'insouciance, elle s'impose. En Ukraine, l'immensité nous a donné rendez-vous.

Après des heures de route, prisonniers de la file interminable des camions, notre petit car Volkswagen noir s'arrête. Un champ devant nous s'ouvre mais ne se ferme pas. Perspective plongeante, ligne d'horizon lointaine, c'est un bloc de terre qui semble ne jamais devoir se terminer : 176 hectares d'un seul tenant, où l'orge semée à l'automne continue de pousser, transformant le socle brun, presque noir (couleur typique du sol ukrainien), en une couverture de verdure. Demain, le jaune s'imposera et la céréale pourra être récoltée.

Larissa, la soixantaine et l'air joyeux malgré la situation, nous présente avec fierté son champ, une partie minuscule des 20 000 hectares dont elle a la charge. En dépit de la guerre, malgré les difficultés liées à la sécheresse, sa ferme continue de produire. Son ingénieur agronome a été appelé au front. Elle nous montre sa photo avec émotion, il n'est plus là pour suivre les récoltes, mais Larissa et ses équipes (ils sont plus de 230) se sont organisés. Ils tiennent bon. Un silo rempli de 100 000 tonnes de blé a été détruit par une roquette russe le 8 mai 2022 ; il sera reconstruit. Désolation mais résistance.

Folie des grandeurs ? Larissa admet bien volontiers que son exploitation fait partie des « grosses » fermes ukrainiennes. Le pays en compte aussi des petites, nous dit-elle, des fermes de 500 hectares… « Petite », vous avez dit « petite » ? Tout de même plus de quatre fois la taille moyenne de ce que le ministère français qualifie de « grande ferme » dans l'Hexagone, à savoir 136 hectares ! Même quand on est grand, on est toujours plus petit qu'un autre...

Larissa est une cheffe d'entreprise, elle est aussi juge de paix. Il lui faut être conciliante pour gérer les 8 000 propriétaires fonciers de son exploitation agricole. En effet, ces 20 000 hectares de terre, elle les loue. Pratique courante en Ukraine. En échange de la location, chaque propriétaire se voit verser une soulte financière ou une partie de la récolte.

Mais l'immensité n'est pas indolore. Le paysage agricole en porte des stigmates. Le plus visible est l'absence de haies. Or la terre aime les haies. La nature en a besoin. Les écosystèmes en sont dépendants. Mais elles constituent par définition une barrière physique à l'immensité. « Avez-vous des haies ? — Mais bien sûr ! nous répond Larissa. Vous ne les voyez pas car elles entourent le champ, donc elles sont très loin... », tellement éloignées que nous ne pouvons que les deviner, tout au fond du paysage. Des haies, oui, mais à de telles distances qu'elles ne servent à rien.

Le bal des tracteurs

Dans la famille des tracteurs, je demande John. L'avez-vous vu ? Oui. Il est là. Tout de vert vêtu. Ce vert reconnaissable parmi les autres. Le fameux vert du tracteur John Deere, avec son blason représentant un cerf qui saute. John s'exhibe au milieu de la cour de la ferme, il est nouveau et n'a rejoint les équipes de Larissa que récemment. Il y a retrouvé d'autres John Deere, jumeaux, cousins ou frères. En cet après-midi, il revient tout juste de la plaine. Il y repartira dans quelques instants, le temps d'une courte pause au soleil.

Dans la famille des tracteurs, je demande maintenant le patron, Case. Avec ce nom d'acteur de Hollywood (il est produit par l'entreprise américaine Case IH), il aurait pu jouer dans une grosse production. Encore plus imposant que John. D'un rouge vif, comme s'il voulait ne jamais passer inaperçu. Il n'a pas deux roues à l'avant mais quatre, qui sont nécessaires pour supporter la puissance de son moteur. En un coup d'œil, nous nous rendons compte que Case est le chef de la cour. Son emplacement dit tout : il trône au milieu de tous. Mais combien sont-ils ? Plus de dix au total ! Il faut dire que la ferme de Larissa est immense. Cette armada de tracteurs lui est indispensable.

Tous ces tracteurs ne seraient rien sans leurs compagnes. Un tracteur n'est qu'un bœuf des temps modernes. Il est là pour tracter. Sans son attelage, il se sent seul, presque nu. Alors les tracteurs sont fous de ces belles demoiselles au doigté si précis : bineuse, semoir, herse, pulvérisateur… L'« ensemenceuse », surnom du semoir de 18 mètres – oui, 18 mètres – dont dispose Larissa, a particulièrement la cote. John n'en avait jamais vu une aussi grande. Mais, trêve de rêverie, il est temps de retourner au champ.

Où sont produits ces tracteurs ? Pas en Ukraine. Comment sont-ils arrivés jusqu'ici ? Par camion, donc par la route. Camions immenses, forcément, pour tracteurs géants… Le ballet des camions sur les routes d'Ukraine nous réserve encore des surprises.

Dans cette grande famille des tracteurs de la cour, il y a aussi Bélarus. Lui, il est bleu, d'un bleu pâle. Et beaucoup plus petit que John et Case. Il tient son nom d'une entreprise fondée en Biélorussie en 1946. Il sait bien que ce nom est détesté. C'est peu dire… Alors Bélarus se console en se disant qu'il est utile. Il vient tirer la citerne d'essence, aussi petite que lui, pour aller au champ et remplir les réservoirs de John et Case.

Les tracteurs et leurs compagnes sont heureux dans ce jardin d'Éden agricole. Cette terre ukrainienne, ils en raffolent. Une terre profonde avec un épais matelas d'humus, parfois de plusieurs mètres, qui apporte potasse et phosphore. Chance de la nature. Cette terre est l'une des plus fertiles au monde. Elle s'appelle le *tchernoziom*. Grâce à elle, le sol produit facilement et abondamment : environ 40 quintaux de blé à l'hectare. C'est certes moins qu'en France, où la moyenne est de 72 quintaux, mais pour tellement moins d'efforts. Alors, sur ce lit douillet, avec leurs compagnes, John, Case et les autres s'activent encore et encore.

Et plus les espaces sont grands, plus ils s'activent, produisent et fournissent. Ils peuvent travailler sans discontinuer, ou presque. Souvent la ferme tourne jour et nuit, tous les jours de la semaine. Bélarus va et vient entre le champ et la citerne d'essence. Folie mécanique. Larissa a acheté à haut prix cette armada de tracteurs, mais plus la ferme s'agrandit, plus la production est importante et plus la rentabilité augmente. Le tour est joué. La ferme gagne de l'argent, parfois beaucoup d'argent. Le tracteur raffole de l'économie d'échelle, le champ beaucoup moins, et le paysage la déteste… l'Ukraine a fait le choix de cette économie d'échelle, la Russie, le Brésil, encore plus. La France ne l'a jamais acceptée.

Qui parle le mieux de cette économie d'échelle ? Les tracteurs eux-mêmes. John avec ses 340 CV. Case avec ses 400 CV… En additionnant tous les chevaux de ces tracteurs et en les divisant par les 20 000 hectares de la ferme de Larissa, on atteint une moyenne de 0,17 CV par hectare. Cette moyenne est d'environ 3 CV par hectare en France ! Des tracteurs plus petits et des fermes beaucoup plus petites, et donc plus de chevaux par hectare, donc plus de frais pour produire. Ah, cette économie d'échelle ! Elle fait perdre toute compétitivité aux petits. C'est le prix à payer pour éviter la démesure.

Dans la ferme de Larissa, le maître mot est PRODUIRE. Écoutez John, Case et Bélarus. Ils crient à tue-tête dans les champs : « Produire, exporter, produire, exporter, produire, exporter… » De l'autre côté de la Méditerranée, les tracteurs égyptiens, tunisiens, marocains, mais aussi sénégalais, camerounais… leur crient de « continuer, continuer, continuer ».

Heureux qui comme un grain a fait un beau voyage

Comme l'immensité appelle l'immensité, les ports où sont envoyés les grains de Larissa sont effrayants de grandeur. Celui d'Odessa, par exemple. Il n'y en a d'ailleurs pas un mais trois… capables d'accueillir chacun des dizaines de millions de tonnes pour les envoyer aux quatre coins du monde. L'un des trois, le plus au sud, est utilisé notamment par l'entreprise Viterra, groupe agricole hollandais qui achète puis achemine les grains. Des spécialistes de la logistique, clé de voûte de la distribution. En ce 12 mars, Vitalii et Andriy nous font visiter le site. Un Panamax, immense bateau capable de transporter plus de 70 000 tonnes de grains, est là. Il attend d'être chargé. Il faudra deux jours complets pour que les tuyaux transportent le grain depuis les entrepôts jusqu'aux cales du navire et finissent de le remplir.

En ce beau jour de mars, l'immensité est meurtrie : le port devrait recevoir sept navires, mais, compte tenu de la guerre et des difficultés maritimes, nous n'en voyons qu'un seul à quai en train d'être chargé. Les autres attendent, quelque part, ailleurs.

La logistique est un art. En temps de paix, et plus encore quand la guerre fait rage. C'est une activité de l'ombre qu'on devrait plus souvent mettre en lumière. On la critique quand elle ne marche pas et on oublie de la remercier quand elle fonctionne. La nourriture ne tombe pas du ciel et les fruits et légumes ne poussent pas dans les supermarchés : pourquoi ne remercions-nous jamais les petites mains qui font le lien entre nos champs et nos étals ?

Saviez-vous que sa terminologie est empruntée aux militaires ? Rien d'étonnant, quand on y réfléchit. Elle fait référence à la fonction de « maréchal des logis », instaurée dès le XVIe siècle dans les différentes armées du monde, qui étaient alors composées de centaines de milliers d'hommes. Il fallait pouvoir les déplacer et leur trouver un « logis », que ce soit dans un village annexé ou un camp rapidement monté.

Au début de la guerre en Ukraine, l'huile de tournesol vint à manquer en Europe. Aujourd'hui encore, le blé est une denrée rare pour les pays qui n'en produisent pas. Responsable : la logistique. Clément et Olivier, les Français qui nous accueillent, cultivent cette année 11 000 hectares de tournesol, 7 500 de blé et 2 500 de colza. Leur enjeu n'est pas tant de produire que de réussir à expédier. Un parcours long de plus de 4 000 kilomètres. Les grains partiront de leur ferme située à une vingtaine de kilomètres de Pavlograd, dans l'est de l'Ukraine. Ils pourront être acheminés par train sur 800 kilomètres, avant d'être contrôlés puis stockés sur le port d'Odessa. Là, ils seront accueillis par des entreprises spécialisées comme celle qui nous reçoit. Ils pourront y rester de quelques jours jusqu'à un mois, en attendant d'être chargés. Ils prendront ensuite le large, devront franchir la mer Noire, puis retrouveront la chaleur de la mer Méditerranée avant de débarquer en Égypte, au Maroc, en Espagne ou même en France, à Marseille. Près de dix jours de bateau.

Camions, trains, ports, bateaux… puis ports, trains, camions… avant d'arriver à destination. Tel est le long voyage des grains. Et encore, il manque le « logis », c'est-à-dire les silos où ils patientent entre deux chargements. Tout est rythmé, planifié, orchestré. Cela coûte parfois cher, une importante part du prix du blé, du maïs ou du tournesol.

Les logisticiens ukrainiens sont des magiciens. Ils font de leur mieux malgré les difficultés, avec des ports fermés, comme celui de Mykolaiv, et des ports menacés, comme celui d'Odessa, où une roquette est tombée il y a peu (le trou devant nous en est la cicatrice). Ils sont pris entre le marteau et l'enclume : d'un côté la menace de l'armée russe, de l'autre l'incertitude du corridor… Fameux corridor, mais qui es-tu ?

Le Corridor

Il y a le couloir qui mène deux amants à leur chambre. Ultime étape avant l'abandon.

Il y a celui que l'on emprunte pour atteindre son bureau. Il est austère et sans chaleur, à part celle de la machine à café dans un coin cachée, dernier rempart avant de retrouver le chef qui vous a fait appeler.

Il y a celui de l'appartement, où sont accrochées les photos de famille. Il est agréable et joyeux. Il devient même intéressant quand on est chez les autres. Moments de vie dans un espace resserré.

Il y a celui qui mène au sommet de la montagne. Il est dangereux, souvent abrupt et vertigineux. On l'emprunte avec précaution. Dernière étape avant d'atteindre le graal, on le redoute et le respecte.

Il y a celui qui mène à la mort. Il est alors sombre, probablement sans fenêtre. Les pas y sont lourds. Une lumière, paraît-il, s'allume en son extrémité et nous guide.

Et puis il y a celui qui relie l'Ukraine au Bosphore. Ce couloir-là porte un nom : le Corridor. Un personnage ! Ici, tout le monde le connaît et ne parle que de lui.

Imaginez une mer presque de la taille de la France (la mer Noire), mais dont toute la surface est limitée à une bande de quelques kilomètres de large et 600 kilomètres de long. C'est lui, le Corridor. Il relie Odessa au Bosphore (Istanbul) en une ligne droite. Les navires allant ou revenant d'Ukraine doivent l'emprunter et n'ont pas le droit d'en dévier.

C'est par là que, chaque mois, plusieurs millions de tonnes de céréales ukrainiennes sont exportées, traversant la mer Noire vers la Méditerranée.

Ce Corridor est jeune. Il est né en juillet 2022 à Istanbul, résultat d'un accord entre l'Ukraine, la Russie, la Turquie et les Nations unies. Sa durée de vie est éphémère (quelques mois). Régulièrement, il doit être renégocié et cela se fait dans la douleur. Chacun retient son souffle. Faute d'accord, le Corridor se ferme, comme en juillet 2023, avec de lourdes conséquences sur le prix du blé et la quantité disponible à travers le monde.

Sur le port Youjne (l'un des trois grands ports d'Odessa), le navire *Navios Orbiter* est prêt à partir. Un bateau gigantesque : plus de 225 mètres de long, chargé à ras bord : plus de 70 000 tonnes de maïs à destination de l'Espagne. C'est fou comme un bateau peut s'enfoncer dans l'eau et réduire de moitié sa hauteur. Pourquoi une si grande quantité de maïs ? Pour nourrir les cochons. Tant d'efforts pour des cochons… la faute au modèle de production espagnol, où les fermes ne sont pas autosuffisantes.

Les marins du *Navios Orbiter* s'activent. Le pilote (expert ukrainien qui connaît le port comme sa poche) vient de monter à bord. C'est lui qui prendra la responsabilité de la manœuvre : il lui faudra plus d'une heure pour sortir du port, aidé par deux remorqueurs. Dès le port quitté, le navire pénétrera dans le Corridor.

Les équipes à terre ont les yeux rivés sur leur smartphone : une carte interactive, celle de *marinetraffic.com*, qui permet en temps réel de donner les positions de tous les navires à travers le monde. « Regardez cette file de bateaux : ils passent le Corridor. En temps normal, nous voulons dire en temps de paix, vous auriez vu des bateaux partout. Aujourd'hui, ils sont beaucoup moins nombreux et tous à la queue leu leu. »

Le *Navios Orbiter* devra parcourir 600 kilomètres pour rejoindre le Bosphore. Endroit mythique, chargé d'histoire, où la mer Noire et la mer de Marmara se rejoignent, seul passage pour rejoindre ensuite le continent européen ou africain. C'est là que le bateau devra passer sous les fourches caudines des inspecteurs. Ils sont prévus dans l'accord régissant le Corridor. Leur visite achevée, à l'aller comme au retour, ils accordent, ou non, l'autorisation de continuer. Une autorisation délivrée au compte-gouttes.

Entre août 2022 et mars 2023, 1 300 navires (seulement) ont emprunté le Corridor.

La mer Noire étouffée

La mer Noire est furieuse, sans oser le montrer. Comment se révolter contre cette Russie qui l'empêche de faire son métier, celui de prendre sur son dos tous les bateaux pour les transporter au loin et nourrir le monde ?

La mer Noire est résignée. Elle patiente, avec une colère sourde mais perceptible. Elle en a vu tellement, ces derniers siècles. Elle sait que son destin est d'être convoitée, tant elle est importante. Tous ont voulu y avoir accès. Pierre le Grand, au XVIIIe siècle, en rêvait déjà mais n'y est pas parvenu. Poutine a annexé la Crimée en 2014 et ne voudra jamais la lâcher.

Carnet de guerre

Clément est un pudique. Pour raconter le début de la guerre, cette terrible nuit du 24 février 2022, il aura attendu le tout dernier moment de notre visite. Nous voici de retour face au Danube. Dans moins d'une heure, nous embarquerons sur le bac pour rejoindre la Roumanie, l'Europe, la paix. Notre petit van noir est arrêté, il regarde couler l'eau grise.

« Il est un peu plus de 4 heures du matin, dit Clément. Je dors à Pavlograd, près de ma femme et de mes enfants. Un appel de Sacha, notre ingénieur agronome, me réveille. Des missiles russes traversent le ciel. Les tractoristes en ont déjà compté dix-huit ! Ils étaient au travail comme chaque nuit, puisque le site tourne vingt-quatre heures sur vingt-quatre, sept jours sur sept. Une cadence industrielle inimaginable en France, mais normale pour une ferme de 20 000 hectares… Moins de deux heures après le début de l'agression russe, tous les salariés se regroupent. Je les rejoins. “Qu'allons-nous faire ?” La réponse ne tarde pas, unanime : retourner aux champs pour continuer le travail engagé ! La ferme n'aura arrêté de tourner que… deux heures. »

Deux toutes petites heures qui en disent long sur la force, la mentalité et le courage ukrainiens. Ne rien céder. Jamais. Clément versera en ce 24 février l'équivalent de plus d'un mois de salaire à tous les salariés de son exploitation. « Au cas où, on ne sait jamais. » Située aujourd'hui à moins de 120 kilomètres du front, la ferme poursuit son chemin. Celui de la production pour nourrir. La force d'une conviction, celle d'être utile. « Des pratiques agraires adaptées à la situation », comme le dit avec flegme Clément.

En sept mois, depuis notre voyage, *tous* les sites que nous avons visités, sans exception, ont été bombardés ou frappés par des missiles. De ce petit paradis d'Izmaïl jusqu'aux silos géants des alentours d'Odessa. Mais la production a continué, malgré la guerre.

Si l'Ukraine ne cesse de produire, c'est qu'elle en a besoin, pour sa population et pour ses revenus. Mais c'est aussi parce qu'elle sait que si elle ne le fait pas, l'ogre russe se réjouira de le faire à sa place.

La stratégie de rendre dépendant par la faim n'est pas nouvelle. Elle n'a d'ailleurs pas été inventée par les Russes. Comme le rapporte l'excellent Sébastien Abis[1], Hubert Humphrey, qui deviendra par la suite trente-huitième vice-président des États-Unis, pose les jalons d'une diplomatie alimentaire censée permettre aux États-Unis de prendre le dessus sur l'URSS. Ses premiers mots (rapport au Sénat de 1958) sont éloquents : « L'abondance de nourriture et de fibres est un formidable atout pour l'Amérique dans la lutte

1. *Géopolitique du blé*, Armand Colin, 2023.

mondiale pour la paix et la liberté. Un atout qui attend toujours d'être pleinement utilisé avec audace et compassion. [...] Une percée dans la conquête de la faim pourrait être plus pertinente dans la guerre froide que la conquête de l'espace. [...] Le pain, et non les armes, peut très bien décider de l'avenir de l'humanité. »

Et pourtant, les États-Unis et les Européens ont été surclassés par les Russes dans cette cynique géopolitique du grain.

Pour en avoir une autre preuve, suivez-nous maintenant en Égypte.

L'Égypte ou le loup qu'on a laissé entrer dans la bergerie

À 25 kilomètres des pyramides de Gizeh, la nécropole de Saqqarah est moins majestueuse, mais peut-être plus fascinante. On y trouve de nombreuses sépultures de hauts dignitaires, mais aussi d'animaux (notamment des chats) avec des murs aux peintures et hiéroglyphes lumineux. Ils retracent la vie de l'époque. Le blé et le pain, alors déjà très importants, y sont régulièrement représentés. Et dans ces tombes, ici ou ailleurs en Égypte, on a retrouvé des grains de blé vieux de plusieurs millénaires…

C'est là que la légende du « blé des pharaons » débuta. Plus exactement au milieu du XIXe siècle, lorsqu'un Français, M. Drouillard, reçut cinq grains venus d'Égypte. On lui dit qu'ils avaient été trouvés dans une tombe, qu'ils y étaient restés des millénaires mais qu'ils avaient gardé leur capacité de germer. Intrigué, M. Drouillard les sema dans le Midi et en Bretagne. Miracle, ils poussèrent.

Un siècle plus tard, dans les années 1950, la même histoire se répéta. Cette fois-ci, des grains « de pharaon » furent remis aux frères Sauvageot, qui les semèrent, avec succès. Ils les nommèrent « le blé d'Osiris ». Leur rendement était prétendument incroyable : entre 100 et 160 quintaux par hectare ! Des controverses éclatèrent, les rendements étaient contestés et le « blé d'Osiris » ne fit pas carrière.

Les États-Unis connurent aussi ce type de fièvre. Dans les années 1980, un agriculteur du Montana créa une marque commerciale. Imaginez l'argument de vente : « Pour votre baguette, choisissez le blé des pharaons. » Le rendement de la curiosité était là, pas celui du blé dans les champs…

Pourquoi vous parler de l'Égypte ?

Parce qu'un rendez-vous crucial y fut manqué. Comme au théâtre, on trouve dans cette histoire un acteur (un président américain), un lieu (l'Université du Caire) et une trame (la réconciliation avec le monde arabe).

En ce 4 juin 2009, alors que je (Julien) travaille à l'ambassade de France au Caire, tout paraît ordinaire : une chaleur étouffante, un nuage de pollution épais, une couleur jaune qui prédomine, à croire que le désert qui entoure la ville cherche à la dévorer. Mais, rareté absolue, Le Caire est calme. Oui, calme ! Peu de bruit, si ce n'est celui des hélicoptères qui survolent en permanence le cortège présidentiel américain. Les étourneaux eux-mêmes sont restés chez eux : ce jour-là, toutes les routes, toutes les rues sont interdites.

Le président américain vient d'atterrir. Il a été accueilli par le président Moubarak. Les journaux titrent sur cette visite exceptionnelle. Il faut dire qu'il s'agit là d'un déplacement inédit : que va dire Barack Obama à l'Université du Caire, devant la jeunesse ? Un symbole autant qu'une reconnaissance : cette université est l'une des plus vieilles du pays, un haut lieu de la pensée.

Après les années Bush, Barack Obama veut renouer avec le monde arabe. « Je suis venu ici au Caire en quête d'un nouveau départ pour les États-Unis et les musulmans du monde entier, un départ fondé sur l'intérêt et le respect mutuels, et reposant sur la proposition vraie que l'Amérique et l'islam ne s'excluent pas et qu'ils n'ont pas lieu de se faire concurrence. »

La ville irrespirable s'enivre d'espoir. Le discours fait mouche – « Barack, on vous aime ! » scandent de jeunes Cairotes venus l'écouter –, son humilité aussi. « Il y a eu beaucoup de publicité à propos de mon discours, mais aucun discours ne peut éradiquer des années de méfiance, et dans l'espace de cet après-midi, je n'ai pas la réponse non plus aux questions complexes qui nous ont menés au point où nous sommes maintenant. Mais je suis convaincu que pour aller de l'avant, nous devons dire ouvertement entre nous ce que nous recelons dans notre cœur et que trop souvent nous n'exprimons qu'à huis clos. Nous devons consentir un effort soutenu afin de nous mettre à l'écoute et d'apprendre les uns des autres ; de nous respecter mutuellement et de rechercher un terrain d'entente. »

Quelques mois plus tard, Barack Obama recevra le prix Nobel de la paix ; ces paroles prononcées au Caire ont joué leur rôle dans cette récompense.

Mais que pèsent les mots comparés aux grains ?

L'Égypte est le plus grand importateur de blé au monde. Près des deux tiers du blé consommé est acheté à l'extérieur pour satisfaire les besoins d'une population de 100 millions d'habitants. Cette situation s'explique par les conditions pédoclimatiques et hydrauliques. Certes, le pays cherche à accroître la production et même la productivité des champs cultivés, mais que faire contre les limites naturelles ? L'Égypte sera toujours contrainte d'importer du blé.

En cet été 2009, alors que Barack Obama prononce ce discours historique, le loup s'est déjà faufilé dans la bergerie.

Jusqu'alors, l'Égypte avait tissé un lien commercial fort avec l'Occident, d'où venaient plus de 70 % de ses importations de blé au début des années 2000, États-Unis en tête. Ce chiffre est déjà tombé à 30 % au moment où Barack Obama vient au Caire. La Russie, au fil des années, a remplacé les pays occidentaux. Lorsque Poutine décide d'envahir l'Ukraine, 60 % des importations égyptiennes proviennent de Russie. Le tour est joué. L'ogre a planté ses crocs dans le ventre des Égyptiens. Il n'est alors pas étonnant que, dès juillet 2022, soit à peine quatre mois après le déclenchement de la guerre, Sergueï Lavrov, ministre russe des Affaires étrangères, ait été accueilli en Égypte pour parler… de livraisons de blé. On ne crache pas dans la main de ceux qui vous nourrissent…

L'Égypte et le pain

Dina, jeune quadra égyptienne, travaille à l'ambassade de France depuis de nombreuses années. Elle m'explique patiemment tous les aspects de la culture de son pays, elle est devenue ma guide, précieuse, irremplaçable.

En cet été 2009, elle m'emmène découvrir l'histoire du pain égyptien.

Au Caire, l'avenue du 26-Juillet est un lieu riche en symbole, puisque cette date est le jour de la nationalisation du canal de Suez par Nasser en 1956. Un flot ininterrompu de voitures, des trottoirs parcours du combattant pour toute personne tentant de sortir avec une poussette, des magasins partout. Et des nuées de marchands de pain *baladi*, comme on le nomme ici, c'est-à-dire « pain du pays ». Un pain typique rond et plat, à la couleur dorée, avec des taches noirâtres sur le dessus.

« Le gouvernement a bien compris l'importance du pain en Égypte. C'est pour cela qu'il le subventionne, pour permettre au plus grand nombre d'en acheter. »

« Ces subventions nous sont essentielles. Sans pain accessible, ce serait la révolution. Alors, quand j'entends le FMI nous demander de les réduire, je me dis que c'est très mal connaître notre pays. Même si ces subventions représentent une très grande partie de nos dépenses publiques, nous ne pouvons pas nous en passer. En France, vous financez la santé ; nous, on finance le pain. Chacun son modèle. » L'Égypte y consacre près de 3 milliards de dollars. Le seul président ayant évoqué la possibilité de réduire ces aides au pain fut Sadate, en 1977. Des émeutes éclatèrent dans le pays, il dut revenir sur sa décision.

Direction le musée du Caire, probablement l'un des endroits les plus fascinants d'Égypte. Une espèce d'immense grenier où sont cachés des trésors inestimables. Tout le monde se rue vers la salle du Trésor, la tombe de Toutânkhamon, mais le plus intéressant est ailleurs : l'ensemble des objets de la vie quotidienne d'il y a quatre mille ans. La plupart dans un état presque parfait – miracle permis par l'atmosphère sèche et chaude dans laquelle ils sont restés enfouis jusqu'à leur découverte. Des outils déjà développés : système de harnachement des chevaux semblable aux nôtres, parasols à poulies, cric pour changer les roues en bois des calèches, gants, bien entendu, mais aussi préservatifs… Le musée met également en avant les pratiques culinaires de l'époque. Ainsi, dans l'Égypte antique existaient déjà la bière, le gavage des oies et bien sûr le pain ! Même la déesse Isis, protectrice des femmes et des enfants, est représentée sur certains hiéroglyphes comme portant du pain. Tout un symbole. Tel Champollion, plongez-vous dans les hiéroglyphes pour comprendre les différents pains : des formes qui ont évolué en fonction du type de cuisson et de préparation. Parfois semi-sphérique, du fait d'une préparation sans moule, le pain peut aussi prendre une forme allongée, offert par un bras tendu.

« Tu sais, Julien, pour nous, le pain, c'est la chose la plus importante. En arabe égyptien, on l'appelle *El-aïch*, et c'est pour nous le même mot qu'on emploie pour dire la vie. Le Pain, c'est la Vie ! »

Produire oui, spéculer non

Au premier mois de la guerre en Ukraine, le principal organisme d'achat du blé égyptien doit s'y reprendre à plusieurs fois pour acquérir ces grains si convoités et accepter de les payer chèrement.

Le prix dépend bien sûr de la quantité disponible (plus il y aura de blé produit, plus il sera accessible pour ceux qui en ont besoin), mais souffre en même temps des vicissitudes des règles du marché.

Chaque jour, des millions de tonnes de produits agricoles sont échangées sur des places financières comme Chicago ou Paris Euronext. Entre le champ ukrainien et le silo égyptien, le blé peut changer de propriétaire à plusieurs reprises.

Quel avantage à ce système marchand ? Il a mondialisé la ressource en ouvrant son accès à tous, notamment aux pays les plus dépendants. Il est donc essentiel pour les équilibres alimentaires. Il a également permis de donner de la visibilité aux agriculteurs des pays producteurs, avec ce qu'on appelle les « marchés à terme », c'est-à-dire la possibilité de vendre dès aujourd'hui une partie de la production à venir. Mécanisme surréaliste et pourtant bien utile : les producteurs peuvent ainsi sécuriser une partie de leurs ventes futures, assurance précieuse dans le contexte d'aléas climatiques que nous connaissons.

Mais ce système de « financiarisation » du marché agricole a aussi une lourde conséquence : la spéculation. Celle-là même qui permet à certains de gagner de l'argent sur le dos des agriculteurs et des industriels, alors que leur seule activité consiste à cliquer sur une souris d'ordinateur pour donner des ordres d'achat ou de vente. Spéculation qui conduit à de fortes et soudaines variations de prix. Spéculation d'autant plus folle lorsque la transparence fait défaut.

Quand on m'informe, en mai 2022, que le directeur de la FAO sera présent à la prochaine réunion du G7, je (Julien) m'exclame : « Enfin ! » Oui, enfin le directeur de la FAO prend la mesure de l'ampleur du désastre : cette guerre en Ukraine menace l'approvisionnement en grain d'un si grand nombre de pays à travers le monde.

La FAO est une agence onusienne basée à Rome. Pour faire simple, elle vise à assurer la sécurité alimentaire mondiale. Dès le 24 février 2022, nous avions cherché à la mobiliser. Sans résultat. Silence radio. Elle ne répondait pas à nos appels. Le directeur de la FAO est le Dr Qu Dongyu. Il est chinois.

Ce jour-là, nous, les sept ministres de l'Agriculture, sommes accueillis à Stuttgart, dans le château de Hohenheim, siège de la plus ancienne université agronomique d'Allemagne. L'ordre du jour est simple : les conséquences de la guerre en Ukraine sur l'alimentation mondiale.

Le Dr Qu Dongyu ouvre le bal. Situation, risques d'interruption des flux agricoles, probabilités de famine un peu partout dans le monde. Son PowerPoint est très factuel et ses chiffres alarmants.

Je l'interpelle :

« Dr Qu Dongyu, merci pour cette présentation. Ma question sera simple : comment la FAO compte-t-elle réagir à cette situation ?

— Eh bien, nous allons mettre en place un outil de suivi.

— Mais vous voyez bien que c'est totalement insuffisant ! Il vous faut agir sur la régulation des marchés, ce qui passe par une plus grande transparence. »

Les doigts du Dr Qu se mettent à taper nerveusement sur la table. Je continue.

« Oui, la transparence ! Nous avons deux problèmes : moins d'exportations depuis l'Ukraine, cela veut dire moins de grains disponibles pour beaucoup de pays. Mais moins d'exportations depuis l'Ukraine, cela veut dire aussi des prix qui montent en flèche. Pourquoi ? Parce que le marché du blé est spéculatif. On doit changer cela. »

Mon collègue américain lève la tête et me regarde avec inquiétude…

« Et pour lutter contre la spéculation, il faut d'abord de la transparence. Lutter contre l'opacité des réserves de grains dans chaque État. Et le premier État qui cache ses réserves, c'est la Chine. Nous devons tous nous engager à publier nos réserves de blé et convaincre la Chine de le faire. La FAO doit l'imposer. »

Mon collègue américain hésite : je critique le système économique mondial, ce qu'il n'aime pas, mais je vise la Chine, ce qu'il adore.

Le Dr Qu reprend la parole : « Merci pour votre réflexion, je suis d'accord avec vous. » Silence. En diplomatie, on appelle cet « accord » une formule de politesse. Vos mots sont entrés par une oreille mais ressortis par l'autre aussitôt.

Il n'a jamais donné suite…

Dans mon cabinet travaillaient une dizaine de personnes, toutes plus remarquables les unes que les autres. Parmi elles, une grande spécialiste de la Chine. À ma question : « Comment faire pour connaître les réserves de grain de ce pays ? », sa réponse fut sans appel : « Vous n'y arriverez jamais. En Chine, les réserves de grain sont un secret d'État. »

V

UNE EUROPE SI CONTRADICTOIRE ET POURTANT SI NÉCESSAIRE

Qui d'autre que l'Europe pour lutter contre l'ogre russe et la spéculation des marchés ? Qui d'autre que l'Europe pour réguler les importations ? Qui d'autre que l'Europe pour faire face aux enjeux du changement climatique, à la préservation de notre environnement, en même temps qu'au défi de nourrir une population toujours plus importante ? Mais pour cela, l'Europe doit pouvoir s'extraire de ses propres contradictions.

Intermède :
notre nuit avec Robert Schuman

C'est à Strasbourg, au Parlement européen, que nous donnons rendez-vous à Robert Schuman.

Ce bâtiment inauguré en 1999 par le président Jacques Chirac se veut un symbole de notre démocratie. Par les formes choisies et les matériaux utilisés, les architectes ont voulu dessiner l'Europe. Ce qui frappe le plus, ce sont les quelque 13 000 mètres carrés de fenêtres. Notons au passage que cette transparence tranche avec notre Assemblée nationale, à Paris, dont les façades ne sont que pierre aveugle (pensez-y la prochaine fois que vous la regarderez depuis la place de la Concorde). Contradiction s'il en est : l'Assemblée nationale se veut « la maison du peuple ». Drôle de maison, tellement refermée sur elle-même.

Le bâtiment de Strasbourg est une ellipse géante, avec en son centre un dôme majestueux (qui abrite l'hémicycle où siègent plus de 700 parlementaires européens) et une tour de verre et de grès, haute de 60 mètres, qui semble inachevée (autre symbole d'une Europe en perpétuelle construction).

En cette soirée printanière, alors que le soleil va bientôt se coucher, Robert Schuman nous retrouve sur les bords de l'Ill, dans le square Paul-Henri Spaak. Un costume gris pour un homme d'allure frêle et modeste, une très mince moustache et des lunettes comme vissées à son nez. Cela fait exactement soixante ans que Robert Schuman nous a quittés (le 4 septembre 1963). Aucun charisme physique et, pourtant, il en impose.

« Quelle joie de vous rencontrer ici. Paul-Henri était l'un de mes amis, l'un des Pères fondateurs de l'Europe, comme on nous a qualifiés. Avec Jean (Monnet), Konrad (Adenauer), Joseph (Bech), Johan Willem (Beyen), Alcide (De Gasperi). J'ai pu constater en arrivant que beaucoup de rues autour de ce site portent nos noms.

— Et cette cathédrale moderne, que vous n'avez pas connue, accueille une institution que vous avez présidée.

— De 1958 à 1960, deux années intenses. Strasbourg, c'est toute l'histoire de ma famille, le cœur de mon engagement européen. Mon père est né français. Mais son village, situé en Lorraine, à proximité de la frontière luxembourgeoise, fut annexé par l'Allemagne à la suite de la guerre de 1870, il est alors devenu allemand. De mon côté, je suis né allemand en 1886. J'ai étudié à Bonn, à Berlin, à Munich, j'ai passé mon bac à Metz en 1904, qui était alors ville allemande. J'ai même dû servir dans l'armée allemande, sans combattre toutefois, lors de la mobilisation de 1914. À la fin de la Première Guerre mondiale, je suis devenu citoyen français et très vite me suis engagé en politique. J'ai été élu député de Moselle dès 1919, et j'ai siégé pendant ensuite près de quarante ans.

— Mais quelle était, au fond, votre identité ?

— Je me suis souvent décrit comme un "cosmopolite". Je comprends que votre livre porte sur les contradictions. Est-ce "contradictoire" que ce sentiment d'appartenance multiple ? Dans l'au-delà, on a le temps de lire. J'ai adoré les *Identités meurtrières* d'Amin Maalouf, le nouveau secrétaire perpétuel de l'Académie française. Nous sommes le fruit de plusieurs origines. Pourquoi ne pourrions-nous pas les assumer ? Dans son livre, Amin Maalouf prend l'exemple d'un homme né en Allemagne de parents turcs. Aux yeux de sa société d'adoption, il n'est pas véritablement allemand ; aux yeux de sa société d'origine, il n'est plus vraiment turc.

— Vous êtes l'un des hommes politiques ayant le plus marqué le XXe siècle, et pourtant... vouz avez voté les pleins pouvoirs au maréchal Pétain.

— J'assume, mais j'ai refusé de participer à son gouvernement avant d'être emprisonné par les nazis quelques semaines plus tard. Je me suis évadé pour rejoindre la zone libre. Ce qui ne m'a pas empêché, après la guerre, d'être qualifié par certains de "produit de Vichy", et même d'être frappé d'"indignité nationale" et d'"inéligibilité"... C'est le général de Gaulle lui-même qui est intervenu pour rétablir la vérité. J'ai pu reprendre mon engagement politique, à nouveau comme député, puis ministre des Affaires étrangères, et même président du Conseil (l'équivalent du Premier ministre aujourd'hui).

— D'où vous est venue cette initiative, fondatrice de l'Europe ?

— Mon obsession était d'assurer la paix. En moins de soixante-dix ans, nos voisins allemands nous avaient envahis à trois reprises. C'est Jean Monnet qui eut cette idée lumineuse. Mais c'est moi qui l'ai proposée. Il fallait être fou !

— Visionnaire, vous voulez dire ! Et tellement courageux !

— Imaginez un peu. En ce 9 mai 1950, nous sommes cinq ans seulement après la fin de la Seconde Guerre mondiale. Notre pays peine à se reconstruire, la haine vis-à-vis des Allemands est toujours intense. Nous les avions désarmés, affaiblis, mis sous tutelle. Et là, je propose de partager avec nos ennemis d'hier ce que nous avons de plus stratégique pour notre autonomie et notre développement, c'est-à-dire la production de charbon et d'acier. Pour être précis, je propose de placer cette production sous une Autorité commune franco-allemande. Ma conviction était qu'en partageant ainsi cette production, toute guerre entre la France et l'Allemagne deviendrait non seulement impensable, mais matériellement impossible. Voilà pourquoi votre travail me parle.

L'accès à l'alimentation va devenir de plus en plus une arme de guerre. Pensez-y ! Mobilisez ce que j'ai appelé les "efforts créateurs". Non, l'Europe ne peut se construire sans ces "efforts créateurs". Il est toujours beaucoup plus dur de construire que de détruire, beaucoup plus difficile d'assurer la paix que de faire la guerre. »

Avant de rejoindre son séjour éternel, Robert Schuman nous remet sa déclaration du 9 mai 1950. Dans les moments de lassitude et de doute, il suffit de s'y plonger pour retrouver de l'espoir.

> Messieurs,
>
> Il n'est plus question de vaines paroles, mais d'un acte, d'un acte hardi, d'un acte constructif. La France a agi et les conséquences de son action peuvent être immenses.
>
> Nous espérons qu'elles le seront.
>
> Elle a agi essentiellement pour la paix. Pour que la paix puisse vraiment courir sa chance, il faut, d'abord, qu'il y ait une Europe. Cinq ans, presque jour pour jour, après la capitulation sans conditions de l'Allemagne, la France accomplit le premier acte décisif de la construction européenne et y associe l'Allemagne. Les conditions européennes doivent s'en trouver entièrement transformées.
>
> [...]
>
> La paix mondiale ne saurait être sauvegardée sans des efforts créateurs à la mesure des dangers qui la menacent.

La contribution qu'une Europe organisée et vivante peut apporter à la civilisation est indispensable au maintien des relations pacifiques. En se faisant depuis plus de vingt ans le champion d'une Europe unie, la France a toujours eu pour objet essentiel de servir la paix. L'Europe n'a pas été faite, nous avons eu la guerre.

L'Europe ne se fera pas d'un coup, ni dans une construction d'ensemble : elle se fera par des réalisations concrètes, créant d'abord une solidarité de fait. Le rassemblement des nations européennes exige que l'opposition séculaire de la France et de l'Allemagne soit éliminée : l'action entreprise doit toucher au premier chef la France et l'Allemagne.

Dans ce but, le gouvernement français propose de porter immédiatement l'action sur un point limité, mais décisif :

Le Gouvernement français propose de placer l'ensemble de la production franco-allemande de charbon et d'acier sous une Haute Autorité commune, dans une organisation ouverte à la participation des autres pays d'Europe.

La mise en commun des productions de charbon et d'acier assurera immédiatement l'établissement de bases communes de développement économique, première étape de la Fédération européenne, et changera le destin des régions longtemps vouées à la fabrication des armes de guerre dont elles ont été les plus constantes victimes.

La solidarité de production qui sera ainsi nouée manifestera que toute guerre entre la France et l'Allemagne devient non seulement impensable, mais matériellement impossible.

> [...]
> Cette production sera offerte à l'ensemble du monde, sans distinction ni exclusion, pour contribuer au relèvement du niveau de vie et au progrès des œuvres de paix. L'Europe pourra, avec des moyens accrus, poursuivre la réalisation de l'une de ses tâches essentielles : le développement du continent.

Souvent, nous repensons à ce texte. Quel plus absolu paradoxe que celui de partager avec son plus grand ennemi ce que nous avons de plus précieux ? Le plus absolu, mais en même temps le plus fertile, puisque c'est de lui que l'Europe est née.

L'Europe agricole, ou vivre avec ses contradictions

Si l'Europe s'est d'abord fondée sur le charbon et l'acier, elle s'est très vite tournée vers la ressource agricole. Il faut dire qu'au sortir de la Seconde Guerre mondiale l'Europe avait faim. Il était urgent de produire en quantité suffisante. Ainsi, en 1957, les six pays fondateurs de la Communauté économique européenne (ancêtre de l'Europe actuelle), à savoir la France, l'Allemagne, la Belgique, l'Italie, le Luxembourg et les Pays-Bas, signaient le Traité de Rome, qui, entre autres avancées, créa la Politique agricole commune (PAC) et lui assigna cinq objectifs principaux :

– accroître la productivité de l'agriculture ;

– assurer un niveau de vie équitable à la population agricole ;

– stabiliser les marchés ;

– garantir la sécurité des approvisionnements ;

– assurer des prix raisonnables aux consommateurs.

L'Europe devenait l'échelon à partir duquel l'agriculture allait être gérée. Depuis lors, les ministres de l'Agriculture et de l'Alimentation de chaque pays européen se réunissent une fois par mois à Bruxelles ou au Luxembourg.

Imaginez une immense salle, avec en son centre une table en ellipse. Aucune fenêtre, mais tout autour de vous, à 2 mètres de hauteur, des cabines derrière des baies vitrées où œuvrent les interprètes. La présidence est tournante et change tous les six mois. Elle fixe les sujets à l'ordre du jour, à savoir les nouvelles réglementations, les réformes à porter, les conjonctures de marché, les défis structurels. Elle introduit les débats, avant de donner la parole au commissaire européen à l'Agriculture, qui représente la Commission, c'est-à-dire l'administration. Suit un tour de table au cours duquel chaque ministre dispose d'environ trois minutes. Prises de parole chronométrées, mais vingt-sept fois trois minutes, plus les dépassements, ce tour de table dure une bonne heure et demie. Épuisant de lenteur, et pourtant époustouflant de résultats. Car, le plus souvent, les vingt-sept États membres aux positions initiales éloignées finissent par se mettre d'accord. C'est ainsi que, depuis soixante-dix ans, la Politique agricole commune réussit à faire avancer les choses, parfois confrontée durement à la complexité et à l'urgence des sujets.

À qui, et à quelle sorte d'agriculture, profite la PAC ?

Première politique commune de l'Union européenne, tant par son ancienneté que par son importance

(45 % du budget communautaire, si l'on ajoute l'aide au développement rural, 264 milliards d'euros pour la période 2023-2027), la Politique agricole commune, la PAC, est aussi la plus contestée.

Que réponds-tu, cher Julien (questions d'Érik), aux trois familles de critiques qu'on lui adresse ?

– La PAC profite surtout à certains secteurs, et aux plus « grosses » exploitations de ces secteurs, à commencer par les céréaliers.

– La PAC reste beaucoup trop fidèle à ses origines « productivistes » de la fin des années 1950, la nécessité de fournir à l'Europe sa nourriture en garantissant son autonomie alimentaire. Elle freine l'évolution vers une nouvelle agriculture, notamment (beaucoup) plus respectueuse de l'environnement. Pour être plus précis, la PAC n'est-elle pas contradictoire avec le Green Deal ?

– C'est la France, principale bénéficiaire de la PAC (plus de 10 milliards reçus chaque année), qui, sous la pression des lobbies de « l'agriculture productiviste », bloque les évolutions, voire les révolutions, nécessaires.

Cher Julien, toi qui as toujours plaidé en faveur de la « transparence » en matière de commerce agricole, à toi la parole.

Cher Érik, notre voyage au cœur de ces contradictions montre la complexité des sujets que nous traitons. Tes questions semblent (trop) simplistes et je crains que tu ne sombres dans les travers que nous cherchons justement à éviter.

Est-ce que la PAC peut être améliorée ? Oui, bien sûr.

Est-ce que la PAC a des défauts ? Oui, évidemment, et nous devons continuer à la faire progresser.

Mais peut-être qu'avant de la critiquer, nous devrions tout d'abord la remercier.

La PAC sauve notre agriculture. Sans elle, les producteurs de lait, les éleveurs de viande, mais aussi beaucoup de céréaliers (ceux sur les terres les moins fertiles) disparaîtraient. Pourquoi ? Les chiffres parlent d'eux-mêmes : en 2021, les aides de la PAC représentaient en moyenne 20 % à 90 % de la ressource financière des exploitations. Les situations diffèrent en fonction de la nature des exploitations, les éleveurs sont encore plus dépendants de la PAC que les céréaliers, mais cela veut dire que pour une majorité, sans PAC, aucun salaire ! Réalité aberrante, qui doit nous alerter. Les agriculteurs sont les premiers à souhaiter se passer de la PAC et pouvoir vivre sans les subventions. Mais avec quel impact sur les prix pour les consommateurs ? Avec quelle conséquence pour notre autonomie agricole ?

En 2017, plusieurs pays européens, moins agricoles que le nôtre, voulaient réduire le budget de la PAC, le considérant comme « non stratégique ». Folie ! C'est la France qui s'est battue pour « sauver » ce budget. En son temps, le Général de Gaulle ne s'était-il pas longuement opposé à l'entrée du

Royaume-Uni dans l'Union européenne, précisément par crainte que ce dernier ne soutienne suffisamment le secteur agricole européen ?

Contrairement à ce que tu dis, la PAC est une aide conditionnée : les agriculteurs doivent respecter ce qu'on appelle les « bonnes conditions agricoles et environnementales » (obligation du maintien des prairies permanentes, protection des zones humides et des tourbières, gestion du labour réduisant les risques de dégradation des sols, interdiction de sols nus durant les périodes sensibles, rotation des cultures, maintien des éléments du paysage, etc.).

Lors de la dernière revue de la PAC, de nouvelles règles ont été instaurées comme l'*ÉcoRégime*. C'est très technique mais cela conditionne le versement des principales aides de la PAC à des mesures agro-environnementales. Et ces conditions ne cessent de s'accroître. C'est pour cela que la tension est palpable dans nos campagnes à chaque nouvelle révision de la PAC.

Réfléchis bien, cher Érik. Vois-tu un autre secteur où les aides publiques sont autant conditionnées au respect de critères environnementaux ? Il n'y en a pas.

Évidemment, compte tenu de l'urgence, il nous faut continuer ces efforts. Ton impatience, je la partage.

Tu évoques le Green Deal. Une politique essentielle pour permettre de réduire les émissions de carbone et protéger la biodiversité. Ce Green Deal prévoit un objectif de réduction des produits phytosanitaires (tout à fait justifiée) et bien d'autres initiatives de protection de l'environnement (elles aussi légitimes). Nommé ministre depuis quelques mois, comme beaucoup de mes collègues européens, je n'ai eu de cesse de demander à la Commission européenne de nous fournir l'étude d'impact de ce fameux Green Deal. Celle-ci rechignait, car ces études seraient forcément sujettes à controverse. Et pour cause, elles concluaient toutes à une diminution de la production agricole européenne (de 7 à 15 %) accompagnée d'une augmentation des prix alimentaires et d'une plus grande part d'importations.

Que faire face à cette « injonction contradictoire » ?

Pour accélérer les transformations de nos agricultures, il ne nous suffit pas de les leur imposer. Il nous faut au même moment les protéger.

La facilité (la nécessité aussi) nous conduit à toujours rehausser la sévérité de nos propres normes. Mais l'Europe laisse au même moment entrer sur son territoire des produits qui ne répondent pas à ces normes. Cela revient à une dégradation de notre souveraineté sans amélioration (et à l'échelle mondiale à une destruction) pour le climat et la biodiversité. Le courage est donc d'imposer nos normes à TOUS les produits vendus chez nous, y compris importés. D'où l'importance des clauses miroirs que nous avons décrites précédemment.

Quant aux lobbies… Étrange attaque pour quelqu'un comme toi, qui se proclame, même si c'est démodé, social-démocrate. Oui, très étrange cette attaque des lobbies. Car j'ai bien compris que, derrière cette appellation vague, tu dénonçais le rôle des syndicats majoritaires.

Je ne porte pas dans mon cœur (et c'est un euphémisme) les « cabinets de lobby », ces intermédiaires qui ne sont là que pour défendre leur propre intérêt de court terme. Mais les syndicats agricoles sont-ils des lobbies selon toi ? Ce sont des syndicats de travailleurs (au même titre que la CFDT et la CGT). Ne faudrait-il pas les écouter, tous dans leur différence ? Les écouter ne veut pas dire « faire ce qu'ils veulent », mais ce dialogue syndical, j'y suis profondément attaché, tout comme toi.

Lors de la dernière revue de la PAC, une consultation citoyenne a été organisée. Exercice passionnant et enrichissant. Un lieu de partage entre les acteurs du monde agricole et les citoyens. Cette PAC est d'abord là pour nous, citoyens européens. Nous nourrir, nous protéger. Et la France, contrairement à ce que tu laisses sous-entendre, a été motrice. Comme ce fut le cas sur le dossier « des protéines »...

L'Europe unie mais l'Europe cocue

Soja, colza, vous connaissez ? Il s'agit de protéines végétales. On les trouve par exemple en tourteaux (de soja), très prisés pour nourrir nos bétails. Et figurez-vous que si l'Europe est une véritable puissance agricole, elle n'en reste pas moins totalement dépendante de ces protéines : plus de 70 % de ses besoins sont importés (majoritairement du continent américain) ; ce chiffre tombe à 50 % pour la France. Les États-Unis, le Brésil et l'Argentine représentent 75 % des exportations de soja à travers le monde.

Pourquoi une telle dépendance ? Durant des décennies, nous l'avons acceptée, sans oser la moindre protestation. Telle était la logique de l'accord implicite entre les États-Unis et l'Europe. Au sortir de la Seconde Guerre mondiale, puisque l'Amérique déversait chez nous son aide à la reconstruction (le plan Marshall), elle s'octroyait un droit de regard sur beaucoup de choses. Ainsi, lorsque les Européens décidèrent de mettre en place la PAC à la fin des années 1950, les Américains obligèrent en retour de n'imposer aucun droit de douane sur leur soja. Ce faisant, ils nous rendaient totalement dépendants. À quoi bon produire chez nous, si nous pouvions acheter chez eux tellement moins cher ? Une dépendance confirmée année après année dans le cadre des accords du GATT, l'ancêtre de l'OMC. Quelques timides protestations furent vite abandonnées. Ainsi en 1992, lorsque l'Europe décida d'octroyer une aide à la culture du soja sur son sol, les Américains saisirent immédiatement le GATT, en appelant le dossier « la guerre du soja ». Ni plus ni moins... Ils brandirent la menace d'un véritable conflit commercial. Le vin et le fromage européens seraient fortement taxés si l'Europe ne revenait pas en arrière. Sans tarder, les Européens abandonnèrent leur projet, en présentant des excuses !

Voilà pourquoi la Commission européenne a tremblé quand, en 2020, je (Julien) lui ai demandé d'accepter de nous laisser mettre en place de nouvelles aides. Il s'agissait d'« aides couplées » à destination des agriculteurs semant du soja, mais aussi du colza ou des légumineuses (pois, lentilles, luzerne). Raison officielle évoquée par la Commission pour refuser mon projet : les cultures de protéines ne sont pas en danger dans l'Union européenne, nous n'avons donc aucune raison de les aider.

À force de persuasion, avec l'appui d'autres États, nous avons réussi à faire accepter ce programme.

« Mon Dieu, gardez-moi de mes amis ! Mes ennemis, je m'en charge ! » Avec l'Amérique, la question demeure. L'alliance (militaire) n'est pas forcément une amitié (économique), et fait souvent payer cher notre dette historique de libérations anciennes et de protection présente.

Éloge des protéines françaises

Savez-vous identifier les champs de soja, avec leurs plantes grimpantes aux tiges dressées et aux petits haricots qui tombent ? Avez-vous déjà respiré cette odeur douce-amère des champs de colza jaune étincelant ? Encore trop rares dans notre pays, ces cultures se développent de plus en plus. Bonne nouvelle, tant elles sont meilleures que leurs cousines du continent américain, des OGM parfois issus de la déforestation.

Avez-vous déjà tenté de poser vos yeux sur les champs depuis un train lancé à pleine vitesse ? Belle occasion pour admirer nos campagnes et ce qu'on y produit. Voilà ce que je (Julien) me dis dans le TGV qui m'emmène en février 2023 à la rencontre des agriculteurs de la coopérative Oxyane, près de Lyon.

Oxyane est née il y a tout juste trois ans, de la fusion de deux vieilles coopératives agricoles de près de cent ans : la Dauphinoise, située à Vienne, et Terre d'Alliances, située à Bourg-en-Bresse.

C'est un responsable du développement des activités de la coopérative qui m'accueille en gare de Lyon Part-Dieu. Direction la ville limitrophe de

Pusignan, où près de 450 agriculteurs sont regroupés. Sur la route, ce responsable me lance un vibrant « Merci ». Il y a des merci que vous appréciez plus que d'autres. « Merci pour le plan protéines. Grâce à lui nous sommes en train de construire une usine de trituration (nécessaire à la transformation des graines de soja) et elle va inciter de plus en plus d'agriculteurs à cultiver cette plante. Notre objectif est de ne plus avoir à importer de soja sur tout notre territoire. À coup sûr, la meilleure décision pour le climat et pour la protection de l'environnement. »

« La démondialisation du soja est en route », me dis-je. Heureuse nouvelle, mais peu étonnante de la part d'une coopérative dont la devise est : « Investir l'avenir. »

Ce long fleuve n'est pourtant pas tranquille. C'est d'ailleurs un signe : la salle dans laquelle se tient la rencontre à Pusignan s'appelle « L'Odyssée ». Il aura fallu dix ans à Ulysse, après la guerre de Troie, pour rejoindre son île d'Ithaque et y retrouver sa femme et son fils. Dix années pleines d'embûches. Espérons qu'il en faudra moins pour que la France retrouve son indépendance en soja et en colza. L'État a avancé, aidé par des acteurs convaincus, tel le directeur général de cette coopérative, Georges Boxio. Ce plan protéines français est doté de plus de 100 millions d'euros.

VI

CONSOMMER DES RESSOURCES DE PLUS EN PLUS RARES

Il n'est pas possible de produire sans consommer. Principe immuable de la Nature, une plante a besoin d'eau, d'éléments minéraux et de soleil pour croître grâce à ce merveilleux mécanisme qu'est la photosynthèse. En zone tempérée, il faudra ainsi 590 litres d'eau pour 1 kilo de blé (150 litres par baguette de pain, soit l'équivalent d'un bain !), 450 litres pour 1 kilo de maïs grain, 900 litres pour 1 kilo de soja. À cela, il faut ajouter l'occupation des terres, avec 1 hectare pour produire en moyenne 7 tonnes de blé, ou encore 9 tonnes de maïs et 3 tonnes de soja. Pour ce qui est de la viande bovine, comptez, selon les cas, 50 à 120 litres d'eau et 30 à 75 kilos de nourriture par jour et par vache.

Avec une demande alimentaire croissante, des ressources naturelles sous tension, des pluies plus incertaines, comment faire ?

Intermède : notre nuit avec Turgot

Contrôleur général des finances, c'est-à-dire ministre principal du roi Louis XVI, il nous paraissait à la fois courtois et élégant d'inviter Turgot à Bercy, dans un lieu qui aurait été son bureau deux siècles plus tôt.

Ce ministère ressemble à un paquebot dont la poupe touche les rails de la gare de Lyon et la proue s'avance sur la Seine. Une architecture moderne, plutôt réussie, qui vieillit bien avec le temps depuis sa construction dans les années 1980. Un bâtiment dont la réalisation avait été décidée par le président Mitterrand pour libérer le Louvre : la Finance devait y redonner sa place à la Culture.

Une allégorie des politiques économiques : la puissance à l'extérieur, l'austérité à l'intérieur. Une architecture qui vous regarde de haut. Lors des Journées du patrimoine, osez y pénétrer : un dédale de couloirs sombres et des dizaines de bureaux. Entre eux, des salles de réunion sans fenêtre. Impossible de trouver son chemin. Vous finissez toujours par appeler à l'aide. Peut-être est-ce une façon de répéter au visiteur : « Nous aurons toujours le dessus sur vous. »

La partie de Bercy qui déborde sur la Seine, vous pouvez y accéder par une petite porte cachée au bout du bâtiment, une porte qui donne directement sur le quai, où une vedette permet au ministre de rejoindre en quelques minutes seulement l'Assemblée nationale et le centre de Paris. Un douanier vous demande vos papiers (le ministère des Finances est gardé par les douanes), puis un huissier vous accompagne jusqu'aux appartements, juste au-dessus. C'est là que nous avons donné rendez-vous à M. Turgot.

De cette hauteur, la vue, à 180 degrés, vous éblouit. À l'est, Notre-Dame et le cœur de Paris, à l'ouest et, devant vous, le quai d'Austerlitz. Les Finances semblent flotter.

Sur une table vitrée on peut lire une lettre manuscrite, écrite le 24 août 1774, jour de sa nomination, par celui que nous attendons.

> Sire
>
> En sortant du cabinet de Votre Majesté, encore plein du trouble où me jette l'immensité du fardeau qu'elle m'impose, agité par tous les sentiments qu'excite en moi la bonté touchante avec laquelle elle a daigné me rassurer, je me hâte de mettre à ses pieds ma respectueuse reconnaissance, et le dévouement absolu de ma vie entière. Je me borne en ce moment, Sire, à vous rappeler ces trois paroles :

Point de banqueroute. Point d'augmentation d'impôts. Point d'emprunts. Pour remplir ces trois points, il n'y a qu'un moyen, c'est de réduire la dépense au-dessous de la recette [...].

On demande sur quoi retrancher ; et chaque ordonnateur dans sa partie soutiendra que presque toutes les dépenses particulières sont indispensables. Ils peuvent dire de fort bonnes raisons mais comme il n'y en a point pour faire ce qui est impossible, il faut que toutes ces raisons cèdent à la nécessité absolue de l'économie.

[...]

Il faut, Sire, vous armer, contre votre bonté, de votre bonté même ; considérer d'où vous vient cet argent que vous pouvez distribuer à vos courtisans ; et comparer la misère de ceux auxquels on est quelquefois obligé de l'arracher par les exécutions les plus rigoureuses à la situation des personnes qui ont le plus de titres pour obtenir vos libéralités.

[...]

Je serai craint, haï même de la plus grande partie de la cour, de tout ce qui sollicite des grâces, et on m'imputera tous les refus ; on me peindra comme un homme dur, parce que j'aurai représenté à V. M. qu'elle ne doit pas enrichir même ceux qu'elle aime aux dépens de la subsistance de son peuple. Ce peuple, auquel je me serai sacrifié, est si aisé à tromper, que peut-être j'encourrai sa haine par les mesures que j'emploierai pour le défendre contre les vexations. Je serai calomnié, et peut-être avec assez de vraisemblance pour m'ôter la confiance de V. M. Je ne regretterais point de perdre une place à laquelle je ne m'étais jamais attendu ; je suis prêt à la remettre à V. M. dès que je ne pourrai plus espérer d'y être utile ; mais son estime, la réputation d'intégrité, la bienveillance publique, qui ont déterminé son choix en ma faveur, me sont plus chères que la vie...

Tout en prenant connaissance de ce texte admirable (et d'une telle actualité !), nous tentons de nous rappeler nos leçons d'Histoire. Qui était cet Anne Robert Jacques Turgot, né le 10 mai 1727 ? L'un des fils du Prévôt des marchands de Paris.

Dans un système monarchique, sa franchise ne plaisait guère. Pourtant, il fut probablement l'un des premiers à mettre en garde Louis XVI. Rendez-vous compte de ses mots, dès 1776 : « N'oubliez jamais, Sire, que c'est la faiblesse qui a mis la tête de Charles Ier sur le billot. Je souhaite que le temps ne me justifie pas. »

Mais voilà qu'il nous faut quitter nos fiches car arrive le Contrôleur général, de fort méchante humeur.

« J'imagine que vous m'avez sorti de mon repos pour m'interroger sur la guerre des farines. C'est bien ça ? Le reste de mon action n'intéresse plus personne. »

Nous ne pouvons qu'acquiescer. Cette « guerre » désigne une vague d'émeutes ayant bouleversé, entre avril et mai 1775, une grande partie du royaume de France. Le pain et la farine étaient devenus si chers que le peuple n'arrivait plus à les acheter.

« Merci quand même de bien vouloir m'interroger. Cette triste histoire nous apprend beaucoup, et même sur la situation présente, d'après ce que je crois comprendre. Quand j'ai pris mes fonctions, en 1774, la production de céréales et la vente du pain étaient totalement encadrées. Le pain était taxé tout au long de son parcours, principalement par des impôts féodaux : innombrables droits de péage, de navigation et même de vente, tant et si bien que le paysan avait, à raison, l'impression de se faire déposséder de son bien. Cela n'incitait pas à produire. Mais à cette servitude pour le paysan taxé s'ajoutait un risque pour la société tout entière.

Le royaume était alors divisé en provinces. Pour passer de l'une à l'autre, il fallait s'acquitter d'un droit de douane. Encore un impôt, qui venait s'ajouter à tous les autres. Cela décourageait quiconque de commercer. La conséquence était qu'en cas de mauvaise récolte dans une province, il était très difficile de faire venir des grains d'ailleurs. On assistait donc à des disettes localisées alors même que le royaume pouvait ne pas manquer de grains à l'échelle nationale. La spéculation était par ailleurs la grande gagnante d'un tel système : on attendait la hausse des prix avant de vendre son blé.

— Vous avez considéré qu'il fallait libéraliser le marché des grains, c'est bien ça ?

— Exactement ! Je m'opposais ainsi aux disciples de Colbert, favorables à un interventionnisme massif de l'État. Cela ne veut pas dire que j'étais opposé à son rôle, mais je suis convaincu qu'il ne doit pas s'occuper de tout. À l'époque, tout était codifié : songez qu'on ne pouvait vendre du pain que sur les marchés agréés ; une quinzaine à Paris, tenus les mercredis et samedis par environ 1 500 boulangers. Il y avait même une police du pain. C'est comme si, de nos jours, le préfet de police de Paris avait dans ses prérogatives l'approvisionnement de la Ville de Paris en pain et en denrées alimentaires !

— Mais on pouvait ainsi protéger les plus faibles, non ?

— Je crois que toute entrave au commerce se fait au détriment du peuple. J'ai réussi à convaincre le roi, et, le 13 septembre 1774, un arrêt de son Conseil ordonnait la pleine liberté du commerce des grains. »

Et dire qu'à quelques mètres de nous, l'actuel ministre en charge des Finances lutte contre une nouvelle vague d'inflation…

« Pour moi, taxer la production a toujours été contre-nature et contre-productif. Je préfère taxer la rente. C'est la propriété de la terre qui doit être taxée, pas sa production. D'ailleurs, plus vous entravez la production, par des barrières physiques ou monétaires, plus vous créez des privilèges qui font le plaisir de certains contre le bonheur des autres.

— Dans votre pensée, celle des physiocrates, vous parlez de "renouvellement de la ressource" et non de "revenus" ? Ces mots résonnent avec une insistance très particulière dans la situation que connaît notre planète aujourd'hui.

— Je ne vous le fais pas dire. Pour moi, le "revenu" n'est rien. C'est comme la rente, il n'est pas pérenne. Seul compte le "renouvellement de la ressource". Cette politique, qui consacre la terre, son potentiel et sa production, est essentielle. Elle a comme père fondateur François Quesnay, qui s'est notamment inspiré de votre désormais ami le duc de Sully. »

Sur ces mots forts, le Contrôleur général disparaît comme il est venu.

Cette rencontre nous a laissés perplexes. Nous en avons discuté longtemps. Les physiocrates n'avaient-ils pas tout compris avant l'heure ?

Le jour du dépassement

Si les statues géantes de l'île de Pâques ont toutes cet air désespéré, c'est sûrement qu'elles pensent aux temps anciens, lorsqu'une forêt luxuriante couvrait leur territoire. Pourquoi, se disent-elles, mais pourquoi avons-nous coupé tous nos arbres sans penser qu'une telle désolation s'ensuivrait ?

Le « jour du dépassement »... Cette notion imagée, et donc efficace, a été introduite dans le débat public il y a quelques années. Elle fait référence au jour à partir duquel l'humanité a consommé l'ensemble des ressources que la Terre peut reconstituer en une année. L'évolution de cette date fait froid dans le dos : 10 décembre en 1972, 15 novembre en 1982, 12 octobre en 1992, 19 septembre en 2002, 4 août en 2012 et... 28 juillet en 2022. En d'autres termes, nous consommons trop, beaucoup trop. La réalité est là. L'agriculture n'est pas la seule coupable (loin de là !) mais son impact ne peut être oublié ni même minimisé.

Récemment, une étude scientifique européenne a chiffré le déclin dramatique du nombre de nos oiseaux (800 millions perdus depuis quarante ans !) et prouvé une part de responsabilité de l'agriculture, y compris française, dans ce désastre. D'autres travaux nous alertent continuellement sur la disparition des insectes (nos pare-brise en apportent la preuve, tellement plus propres aujourd'hui qu'il y a seulement vingt ans) ou sur les conséquences des activités agricoles sur le changement climatique.

Rien de cela ne doit être ignoré.

Les agriculteurs sont probablement confrontés à la plus grande des contradictions : *exploiter ce que l'on chérit.* Car oui, affirmons ce paradoxe, il n'est nullement possible de mener la vie difficile d'un agriculteur sans aimer la nature, d'être éleveur sans aimer les animaux. Dire le contraire serait mal connaître ce monde. Il en va de même pour les forestiers, les pêcheurs ou les horticulteurs. Des professions qui exploitent des ressources tout en éprouvant pour elles une immense gratitude, non parce qu'elles leur procurent un salaire, mais parce qu'elles existent et les éblouissent. Mais peut-être celles et ceux à qui nous devons notre nourriture souffrent-elles, souffrent-ils de schizophrénie…

Les guerres de l'eau.
Pourrons-nous y échapper ?

Le 1er janvier 2005, avant de me (Érik) lancer dans un très long reportage sur la piste de l'eau pour tenter d'en prévoir l'avenir, je voulus en savoir plus sur celle que je cherchais. L'eau ! Quel était donc ce formidable personnage, la première de toutes les matières premières, la source de toutes les histoires, parce que permettant toute vie, cette force insaisissable puisque tour à tour neige ou pluie, glace ou vapeur ?

Je consultai tous les savants possibles.

De leurs enseignements, une conclusion s'imposait : l'eau, d'abord, est *LE lien*, *LE LIEN absolu*.

Certes, l'eau est constitutive de *tous* les êtres vivants (97 % d'eau dans une laitue, 93 % pour une tomate, 75 % pour un bébé humain, 55 % pour un homme adulte, 50 % pour une femme), mais son rôle est d'abord *actif*.

Au niveau de la cellule, elle *tient* ensemble tous les éléments de cette usine infiniment complexe ;

c'est elle qui rend possibles les échanges, les réactions chimiques, les recompositions. Elle est le milieu, le forum, le vecteur de toutes les communications.

L'eau est aussi omniprésente hors des cellules, qui baignent dans ce liquide dit « interstitiel ». Lequel liquide vient des minuscules vaisseaux sanguins circulant entre les cellules. Après avoir pénétré dans la cellule pour la nourrir, le liquide en sort, chargé des déchets.

Liquide interstitiel, sang et lymphe sont presque exclusivement composés d'eau.

Privé d'eau, un corps ne serait qu'un archipel de morceaux éloignés, donc d'organes inutiles : les pièces d'un puzzle qu'aucune main n'aurait unies.

L'eau nous préserve de cette forme extrême de la solitude, un éparpillement qui rend la vie impossible.

Gardons cette vérité première pour, toujours, respecter l'eau à sa juste valeur.

Il est une autre dimension de l'eau, économique et sociale. Enfants gâtés (dans nos pays riches), nous avons été habitués à recevoir à tout moment toute l'eau que nous voulions, une eau de qualité, vingt-quatre heures sur vingt-quatre : il nous suffit de tourner un robinet. Cette facilité nous a fait oublier le travail nécessaire pour produire ce miracle permanent. Dieu, s'Il existe, a créé les sources. Mais il a laissé à d'autres le soin de distribuer l'eau et de la filtrer.

Et c'est ainsi, du double fait de l'ignorance et de la facilité, que nous avons rompu ce *lien*, pourtant essentiel, avec l'eau.

Les dérèglements actuels, cette alternance de sécheresse et d'inondations, nous obligent à revenir au Réel.

Jusqu'à une date relativement récente, les conflits ayant l'eau pour objet sont restés plus rares qu'on aurait pu le penser. Sans doute l'importance capitale de cette « matière première » jouait-elle un rôle dissuasif : chacun savait que, la possibilité même de toute vie en dépendant, l'adversaire serait prêt à tout pour s'en garantir l'accès.

La pression démographique en même temps que la concentration croissante de la population dans des villes géantes ont changé la donne. Et les affrontements internationaux se multiplient. Par exemple entre l'Éthiopie et l'Égypte (deux pays dépassant chacun 100 millions d'habitants) pour la répartition du Nil. Ou les pays de l'aval du Mékong (surtout le Cambodge et le Vietnam) protestant contre la mainmise de la Chine sur le grand fleuve et la multiplication de ses barrages à la tombée du Tibet.

Pour faire baisser toutes ces tensions, une seule solution : l'*hydrodiplomatie*, autrement dit une diplomatie de l'eau, la construction, difficile, ô combien, mais nécessaire, d'une gestion commune des fleuves, à l'échelle de leurs bassins. De tels accords sont rares. Raison pour laquelle nous devons les donner en exemple à imiter. Le 22 mars 2023, à la tribune de l'ONU, nous avons salué l'action de l'OMVS, Organisation de mise en valeur du Sénégal. Créée en 1972, cette organisation rassemble quatre pays riverains : Mauritanie, Sénégal, Guinée, Mali, et parvient à surmonter tous les conflits, parfois violents, et à gérer leur fleuve comme un *bien commun*. Admiration ! Et raison pour laquelle nous avons constitué un comité international pour que soit attribué à l'OMVS le prix Nobel de la paix.

À l'intérieur des pays, les antagonismes se font aussi de plus en plus violents. Chacun connaît la situation du Colorado que se dispute la folle cité de Las Vegas, des agricultures développées sans raison dans de véritables déserts (le Nevada est le premier producteur américain de laitue...) et les besoins démesurés de la Californie, ses métropoles (San Francisco, Los Angeles) comme ses champs d'amandiers.

La France n'échappe pas à ces rivalités, qui, çà et là, sont d'une extrême violence. Surtout lorsque d'année en année s'installe et perdure la rareté de cette ressource essentielle.

À la publication, en 2008, de mon enquête *L'Avenir de l'eau*, beaucoup de mes compatriotes ont hoché la tête : vos pages nous font voyager, plutôt agréablement, vos alertes sont intéressantes, mais... exotiques. Une chose est certaine : JAMAIS la France ne manquera d'eau ! Et surtout pas votre très humide Bretagne. Pourtant, déjà, des violences se multipliaient entre les défenseurs et les adversaires des « bassines ». Dans la nuit du 25 au 26 octobre 2014, Rémi Fraisse, un jeune militant écologiste, mourait lors d'affrontements avec les forces de l'ordre.

Entre-temps, j'avais repris la route pour un nouveau tour du monde. Avec une conclusion encore plus radicale : notre Terre a soif. Et l'ère des climats tempérés s'achève.

Lorsque la sécheresse, dès le début de l'été 2022, frappa notre pays, il devint évident que les conflits liés à l'eau allaient se multiplier et s'intensifier. Un peu partout, des agriculteurs plaidaient pour creuser des bassines, plus ou moins grandes, où ils pourraient puiser en cas de besoin. Récemment, les affrontements ont pris un tour beaucoup plus violent, dans le département des Deux-Sèvres, à Sainte-Soline, avec des images terrifiantes.

Bassine ?

Sitôt ce mot prononcé, vous êtes morts. Ou pas loin. Bassine sent l'hôpital : « Passez-moi le bassin. » Pour qu'un débat nécessaire mais serein s'installe, usez bien plutôt du très joli mot de « réserve ». Il dit le fait, on retient pour plus tard, en même temps qu'on ne gaspille pas. L'expression le dit bien : « Rester sur sa réserve. »

* * *

Quand on prend son temps, et la liberté, de poser les bonnes questions, à commencer par les plus dérangeantes, les réponses, généralement, s'imposent. Et l'on sort d'une *posture*, toujours impuissante à résoudre quoi que ce soit.

1) Les plantes, à qui nous devons l'essentiel de notre alimentation, ont-elles besoin d'eau ?

— Oui.

2) Nos agricultures doivent-elles renforcer la sobriété, par de nouvelles pratiques et le choix de variétés plus adaptées aux nouvelles conditions ?

— Bien sûr que oui ! Notons qu'en trente ans, à culture constante, l'eau d'irrigation a diminué d'un tiers grâce à des infrastructures plus économes (goutte à goutte par exemple), et il faut continuer !

3) La gestion optimale de cette ressource essentielle dépend-elle des conditions, notamment climatiques (orages ou pluie régulière) et géologiques (recharge, ou non, des nappes phréatiques) ?

— Oui, à l'évidence. Soyons humbles, écoutons la Géographie !

4) Quelles sont les *bonnes échelles* pour gérer la ressource, de la meilleure et plus durable manière ?

— Celle du bassin-versant, car c'est l'unité géographique de l'eau.

5) Un accord est-il possible, après consultation des différents points de vue ?

— Oui. Mille exemples l'ont prouvé. Et il faut s'acharner à le trouver. Autrement, que restera-t-il de notre République ? Encore faut-il que tous les acteurs soient équitablement représentés, et entendus. L'opposition aux « bassines » ne vient pas seulement du refus « écologique » de stocker l'eau. Elle a pour fondement le refus de voir quelques-uns seulement utiliser une ressource commune. Partout dans le monde, j'ai vu des gens envier nos agences de l'eau, la bonne échelle de leurs actions et leur capacité à construire, à partir de violents conflits d'usages, de durables consensus. Donc oui, mille fois OUI aux « parlements » de rivières et de fleuves. Et certaines questions de gouvernance restent encore à régler. Qui doit justement décider, en dernier ressort ? L'agence, présidée par un préfet donc par l'État ? Ou le « comité de bassin », dont l'échelle est régionale ?

6) Une fois cet accord accepté, une minorité peut-elle employer tous les moyens, dont la violence, pour s'y opposer ?

— NON. Et cette réponse, clairement négative, est en même temps un oui déterminé à la question corollaire : êtes-vous attaché à l'état de droit ? Préférons toujours la démocratie à toutes les formes de « désobéissance » revendiquée sous couvert de « défense de la Nature ».

Un consensus est-il possible ?

Une « bassine » est une réserve. Elle prélève de l'eau dans les périodes hivernales pour pouvoir la réutiliser durant l'été. Est-ce un bien ou un mal ? À cette question, personne ne peut répondre de manière binaire. Tout dépend de la méthode employée et des territoires concernés.

On parle souvent de la sagesse du Sénat, de cette Haute Assemblée qui, pour légiférer, s'appuie sur une connaissance fine et concrète de nos territoires. Saluons ce nouveau rapport d'autant plus passionnant que transpartisan : *Éviter la panne sèche. Huit questions sur l'avenir de l'eau* (24 novembre 2022). Écoutez une partie de sa conclusion :

« Seulement 4,7 % du flux annuel d'eau est stocké en France, alors que l'on atteint presque 50 % en Espagne[1]. »

« Il serait certes inacceptable de favoriser des retenues dégradant la capacité de recharge des nappes ou asséchant les cours d'eau avoisinants. Mais il serait tout aussi inacceptable de refuser de créer des retenues vertueuses, qui pourraient alléger la pression sur les nappes et les eaux de surface pendant la période d'étiage, en plus de sécuriser l'approvisionnement en eau de ses utilisateurs, en particulier les agriculteurs. C'est donc un examen au cas par cas, loin de tout dogmatisme, qui constitue le bon scénario à l'horizon 2050. »

Acceptons la diversité des situations.

Le principe est simple. Si l'eau est prélevée dans une nappe pas assez remplie ou qui ne peut se remplir,

1. Avec pour conséquence, ne l'oublions pas, de terribles assèchements qui menacent à court terme l'existence même d'une agriculture dans ce pays.

les conséquences sur l'écosystème seront désastreuses. En revanche, prélever de l'eau dans une nappe pleine et en capacité de toujours se remplir, ou capter la pluie alors que le sol est déjà gorgé, qui, de bons sens, pourra s'y opposer ? Toute eau supplémentaire qui tombera du ciel finira dans la mer, via une rivière ou un fleuve. Avec le changement climatique, la rareté de la ressource va de pair avec la violence des précipitations. Soudain des trombes s'abattent. Préparons-nous : l'eau va ruisseller, comme jamais. Durant l'hiver 2023, le Nord-Pas-de-Calais en a fait la douloureuse expérience.

La Vendée n'est pas (seulement) celle que vous croyez

La belle légende qui, chaque année, emporte et bouleverse au Puy-du-Fou près de 3 millions de spectateurs ne doit pas faire oublier la réalité. Voici une terre de profonde tradition catholique, foyer actif et martyr d'une lutte à mort contre une Révolution honnie, mais aussi, depuis longtemps – plus de deux siècles –, une région d'entreprises et d'actions collectives sans guère d'équivalent dans notre pays. Chantant chaque été un passé plus ou moins réinventé, elle s'occupe de l'avenir le reste du temps.

L'amoureux d'océan que je (Érik) suis a connu ce département par sa régate, la plus belle au monde, tous les quatre ans, tout seul sur l'eau à tourner le plus vite possible autour de la Terre. Connaissez-vous plus fertile alliance et morale plus pertinente que ces deux mots, Vendée Globe ? Ne pas oublier d'où l'on vient permet d'aller loin. Depuis toujours, en bonne pratique d'écrivain qui se nourrit de la vie des autres, je « parraine » un navigateur : Bernard Stamm, Jean-Pierre Dick, Jean Le Cam.

Mais la Vendée, c'est aussi pour moi ce village de Thiré où, dès le 20 août, la musique de William Christie, Paul Agnew et leurs Arts Florissants enchante les festivaliers.

C'est aussi ce territoire où j'ai eu l'honneur de remettre à Alain Lebœuf, président du conseil départemental, le trophée du Syndicat des énergies renouvelables de Vendée, meilleur élève français de la transition énergétique : biogaz, éoliennes en mer, hydrogène vert, partout des bornes de recharge électrique…

Autant dire que j'attendais avec impatience la visite de l'installation permettant aux agriculteurs locaux de ne jamais manquer d'eau, même aux périodes de pire sécheresse, et sans déclencher la colère des défenseurs de l'environnement.

Aucun guide ne pouvait mieux nous renseigner que le formidable Hervé Pillaud. Quand mes enfants me supplient de me calmer, et m'accablent de sobriquets dont le plus doux est celui d'« actif maladif », je leur oppose l'exemple de mon ami : « Ah, si vous connaissiez Hervé ! » Infatigable défenseur de la cause agricole et chercheur jamais rassasié de solutions, cet homme commence par élever des montbéliardes, laitières de concours (il en gagnera plusieurs, grâce, notamment, à ses deux vedettes adorées, Jallezza et Java, en hommage bien sûr à l'un des chefs-d'œuvre de Claude Nougaro, *Le Jazz et la Java*). Cette activité de complet plein-temps ne l'occupant pas assez, il devient président d'un réseau de lycées agricoles privés, et, passionné (aussi) par les apports possibles de la technologie, participe activement aux travaux du Conseil national français du numérique. Les nuits n'étant pas faites pour dormir, il a déjà écrit plusieurs livres, parmi lesquels *Cultivons l'avenir ensemble* (2021), dont le sous-titre est exactement notre devise et notre objectif : *Réconcilier agriculture et société.*

Nous (Érik et Julien) retrouvons Hervé chez lui. Tendons l'oreille ! Il s'apprête à nous raconter une belle histoire.

Il était une fois un trou, ou, si vous préférez, une carrière, dite des « Roches Bleues », creusée pour fournir du granulat aux routes et des matériaux aux digues censées protéger la France de l'Atlantique. Comme ne l'ignorent pas les plus scientifiques de nos lecteurs et lectrices, l'intérêt hydrologique d'un tel trou est qu'il peut se remplir dès que la pluie tombe. Nous voici donc avec un (gros) réservoir, capable de stocker 3 millions de mètres cubes, sur la commune de Château-Guibert, en bordure de la Doulaye, petit affluent du Lay, le (très modeste) fleuve côtier (118 kilomètres, débit moyen 14 m^3/seconde).

Dès les années 1950, la Vendée avait dû réfléchir à son approvisionnement en eau potable. Après la terrible sécheresse de l'été 1976, les agriculteurs se rendent compte que, sans irrigation, ils vont mourir. Ils développent l'irrigation sur leurs fermes. Dix ans plus tard, ils n'ont plus assez d'eau. Alors, au lieu de gémir ou de se débrouiller seuls, chacun pour soi, comme trop souvent ailleurs en France, ils décident d'agir, agir à la vendéenne, c'est-à-dire ensemble. En 1989, une ASA (Association syndicale autorisée) se crée. Elle regroupe vite une trentaine d'irrigants, qui, sous l'impulsion d'Hervé et du non moins dynamique James Gandrieau, maire de Sainte-Pexine, conçoivent l'incroyable projet qui va, à partir d'une idée folle, sauver l'agriculture.

Le plan est le suivant : puisque les exploitations devant être irriguées se trouvent en amont du trésor, la carrière des Roches Bleues, qu'à cela ne tienne, on pompera dans cette réserve pour redistribuer l'eau. Mais l'idée folle n'empêche pas la raison : pour que dure le trésor (pour que la carrière jamais ne se vide), on inventera, pour l'alimenter toujours, un système de « seuil/jaugeur ». Ainsi, outre la pluie directe, le « trou » ne recevra de l'eau de la rivière Doulaye, affluent du Lay, que si son débit est suffisant.

Cette idée « folle » est vite complétée par beaucoup d'autres, pour aboutir à un véritable tissage territorial, un réseau de retenues (au nombre de treize !). Trente ans plus tard, une nouvelle génération a pris la relève.

On comprendra pourquoi ce système, aussi ambitieux que précautionneux, car fruit d'interminables échanges plusieurs décennies durant, n'a jamais été menacé par les attaques multipliées dans le département voisin des Deux-Sèvres, où a été creusée la trop fameuse bassine de Sainte-Soline. Nous aurions voulu assister à ces débats sans fin autour de la cause commune, ces réunions d'après-travail qui s'achèvent à point d'heure, ces week-ends dévorés, sans oublier ces engueulades d'anthologie suivies de réconciliations arrosées !

Notre admiration fraternelle n'empêche pas l'inquiétude. « Pour le moment », la méthode choisie permet d'offrir de l'eau à tous les usages. Et bravo, oui, bravo à vous ! Mais qu'en sera-t-il lorsque, le dérèglement climatique s'accentuant, les cataractes orageuses succéderont aux sécheresses ? Que faire pour empêcher ces flots furieux de se déverser inutilement dans l'Atlantique, tout en préservant les nappes naturelles et la réalimentation des « trous » ?

Pourquoi continuons-nous d'ignorer, et donc d'abîmer, le plus irremplaçable de nos amis, le sol ?

Avez-vous déjà bien regardé une carte géographique, IGN ou routière ? Ces fameuses cartes, bleues pour les premières (qu'on aimait utiliser pour des balades dans des territoires inconnus) et jaunes pour les secondes (au repos dans la boîte à gants des voitures), vous vous souvenez ? C'était avant l'arrivée des applications. Avez-vous déjà remarqué les couleurs utilisées sur ces cartes ? Les habitations y sont en noir, les forêts en vert, les cours d'eau en bleu, les routes en orange ou en jaune, les sentiers en noir… et les terres, c'est-à-dire le sol agricole, sont en BLANC. Oui, en blanc, la couleur du vide ! Comme s'il n'y avait rien dessus, comme s'il ne représentait rien et ne contenait rien.

Le sol, le fameux sol. À l'évidence, le personnage le plus important de notre livre. Sans lui, nous serions enfouis dans les entrailles de la Terre, puisque sans support pour y marcher ; nous ne pourrions manger ni même respirer (sans l'oxygène que les plantes dégagent), impossible même de nous reposer après notre dernier souffle.

Et pourtant, ce sol, nous l'ignorons. Il souffre de cette incroyable indifférence, n'en doutez pas. Nous le regardons de haut le jour et nous lui tournons le dos la nuit. Parfois, il se rebelle (satané tremblement de terre) et nous rappelle qu'à défaut de respect nous devrions rester humbles. À la différence de l'Homme, il est précautionneux. Il a tenté de cacher le charbon, mais nous le lui avons arraché. Il a planqué le pétrole, mais nous sommes allés le débusquer, parfois à des profondeurs qui dépassent l'entendement. Il a phagocyté d'anciens virus, les saisissant dans les pôles, mais par notre faute les glaces fondent, alors les virus se libèrent. Peut-être serait-il de bonne philosophie de suivre ses conseils ? Ce qu'il a enfoui, laissons-le sous terre. Ce qu'il nous renvoie à la surface, comme ces sources d'eau et de vie, profitons-en, mais avec parcimonie.

Les chiffres actuels sont effrayants : plus de 8 milliards de tonnes de charbon extraites de la terre à travers le monde (en augmentation constante, avec des niveaux record en 2022), près de 100 millions de barils de pétrole pompés chaque jour. Le sol voit notre folie. Il souffre en silence mais ne peut faire grève. Il proteste, à sa manière. En novembre 2020, en pleine crise du Covid, les autorités danoises ont abattu 15 millions de visons, craignant que ces animaux, sensibles au virus, ne le propagent et le transmettent à l'Homme. Des millions d'entre eux ont été enterrés. Mais le sol en a décidé autrement. Après quelques jours, les visons ont commencé à refaire surface, comme s'ils n'étaient pas acceptés par celui qui était censé les absorber[1]. Une sommation ?

Il faut dire que notre relation avec le sol n'a jamais été aussi tendue. Nous ne cessons de lui écraser la tête en y déversant des milliers de tonnes de béton. On parle alors d'artificialisation liée aux usages de l'Homme : habitations, infrastructures, usines. En France, 9,2 % du sol est recouvert (5,1 millions d'hectares). Et cette occupation s'étend. Chaque année, plus de 23 000 hectares sont ainsi repris à la nature, soit 33 000 terrains de football, bien plus que beaucoup de nos voisins européens. Ce sol ne peut plus respirer. Il ne peut plus boire non plus. Conséquences : destruction de la biodiversité, inondation et… nos yeux pour pleurer.

Tel un conjoint auprès de qui on se réveille chaque matin sans jamais lui parler, le sol est là, toujours, mais nous ne lui prêtons pas l'attention qu'il mérite, beaucoup plus intéressés par les lointaines planètes Mars ou Jupiter que par cet irremplaçable mais trop proche allié[2].

---

1. Pour être précis, ils n'ont pas été éventrés, et le gaz qu'ils contiennent les a fait remonter.

2. Entre autres savants, merci à Marc-André Selosse. C'est ce professeur au Muséum national d'histoire naturelle qui m'a (Érik) extirpé de mon ignorance. Faites comme moi et lisez, notamment, *La Symbiose* (Paris, Vuibert, 2000) et *L'Origine du monde : une histoire naturelle du sol à l'usage de ceux qui le piétinent* (Actes Sud, 2021).

Le sol, aidons-le à nous aider !

Ce qu'on connaît de lui, c'est ce qu'il porte et non ce qu'il contient. Ce qu'on voit de lui, c'est son apparence et jamais son intérieur, son intimité. Le sol est à la Terre ce que la peau est à l'Homme : un épiderme fait de plusieurs couches successives, les géologues les appellent des « horizons », et pour les découvrir, regardez une « carotte ». Mais pas n'importe laquelle. Non cette carotte orange, comestible, mais un cylindre de terre, d'une hauteur de 50 centimètres. C'est elle qui va vous permettre d'évaluer sa santé. Car le sol est bel et bien vivant. Nombreux sont les micro-organismes (champignons, bactéries), insectes, invertébrés ou autre faune (vers de terre, nématodes, fourmis, taupes et autres rongeurs...) à peupler cet univers si mystérieux. Les spécialistes vous le diront, on estime qu'un quart des espèces actuellement connues vivent dans le sol. Et ces organismes jouent un rôle majeur, puisque, par leur action, ils le transforment. Sa composition change d'un territoire à l'autre. Elle peut aussi évoluer dans le temps. Le programme « Sols de Bretagne » a ainsi permis d'en identifier 330 types différents (!). Ils varient en fonction de la nature des composants minéraux, de leur acidité, de leur porosité, de leur oxydation, du pourcentage de matière organique qu'ils contiennent, de leur capacité à absorber l'eau.

Suivez-nous à Luçon, en Vendée, à proximité de La Roche-sur-Yon, sur le lieu dit du Mont-doré. S'y trouve une ferme de 310 hectares de cultures végétales, avec une très forte diversité (maïs, blé tendre, blé dur, orge, soja, colza, lin, féveroles, tournesol, pois fourragers, luzerne...), 80 hectares de prairies en marais, et un troupeau de vaches allaitantes de race limousine. Nous y retrouvons François Mandin, qui a repris l'exploitation de ses parents et vient de la transmettre à son fils et à ses associés (dont Benjamin, chercheur en informatique, mais agriculteur aussi).

François est un passionné du sol. Qui de mieux que lui pour nous en parler ? Depuis 1996, sa ferme a arrêté de le labourer pour mieux le protéger et y développer tout son potentiel. On parle alors d'agriculture de conservation. « Au début, les gens nous ont pris pour des fous. Pendant dix ans, nous avons connu échec sur échec, puis nous avons réussi à mieux comprendre le sol et aujourd'hui c'est magique. »

François nous emmène dans un champ de maïs. Une carotte de terre nous y attend. Les couleurs indiquent la composition : plus ou moins de carbone, plus ou moins de fer et, surtout, plus ou moins de matière organique, c'est-à-dire de vie. Le meilleur indicateur en la matière, c'est le nombre de vers de terre. « 1 gramme de ver de terre, c'est 500 grammes de vie », nous dit François en montrant le lombric qu'il vient de capturer. Un ver de terre de la famille des anéciques, avec leur tête noire ou rouge et leur corps rosé. On les appelle les « laboureurs » de terre. Ils remontent à la surface le long de leur galerie (une seule galerie par ver de terre), y prennent des morceaux de feuille ou autres végétaux et les rapportent au fond de leur galerie pour les digérer et les décomposer. Ainsi se trouve enfouie la matière organique présente en surface. Les déjections des vers de terre sont un engrais naturel pour les racines des plantes. Ils nourrissent tout un écosystème de micro-organismes. Une autre partie reste figée, stockée. Conservant dans ses profondeurs le carbone de l'atmosphère, le sol est un acteur majeur de la lutte contre le changement climatique. Dans l'ouvrage *Stocker du carbone dans les sols français*[1], les auteurs montrent l'apport des lombrics, qui mélangent chaque année d'innombrables tonnes de terre et, par leur présence, permettent d'augmenter de près de 30 % le stock de carbone enfoui.

Je capte, et toi ?

C'est probablement la plus grande usurpation qu'il soit. Demandez autour de vous : « Qui capte le plus de carbone sur terre ? » On vous répondra avec assurance : « La forêt, grâce à ses arbres. » La réalité est tout autre. Sur notre planète, l'endroit où nous captons le plus de carbone (là où du carbone de l'atmosphère est capturé et fixé par des organismes), c'est d'abord en mer, grâce au phytoplancton,

1. Sylvain Pellerin, Laure Bamière, Isabelle Savini, Olivier Réchauchère, *Stocker du carbone dans les sols français*, Éditions Quae, 2021.

et ensuite… dans le sol. Les arbres, que nous aimons d'amour, bien sûr, les arbres ne viennent qu'en troisième position. Oui, le sol est notre meilleur allié pour lutter contre le changement climatique, car c'est un véritable puits, d'où l'expression puits de carbone !

C'est pour cela qu'il y a quelques années une formidable initiative, appelée 4 pour 1000, a été lancée par la France (sous l'impulsion de Stéphane Le Foll, alors ministre de l'Agriculture). Le principe est simple : l'augmentation de 0,4 % de carbone par an dans tous les sols, grâce à des pratiques agronomiques fixant la matière organique, permettrait de compenser l'augmentation de CO_2 dans l'atmosphère !

Je laisse passer l'eau, et toi ?

L'autre avantage de cette agriculture de conservation, et de ses précieux collaborateurs vers de terre, est de changer le sol en une véritable éponge. Si, par de violentes pluies, vous roulez sur une route de campagne, observez bien les champs alentour. Le résultat est sans appel : des flaques se forment sur les labours, des rigoles, bientôt de petits torrents. Dans les autres champs, l'eau a pénétré, elle rejoindra la nappe au lieu de s'écouler jusqu'au macadam.

François Mandin nous a préparé une expérience assez stupéfiante. Soit deux mottes de terre, l'une issue de terres labourées, l'autre issue de l'agriculture de conservation. Plongez-les dans deux grands vases remplis d'eau. La motte issue de terres labourées se décompose rapidement. En quelques minutes, il n'en reste rien, seul un dépôt au fond du vase. Au contraire, la motte issue de la pratique conservatoire reste intacte ou presque. Pourquoi ? L'eau passe, sans entraîner ni dissoudre la terre, à travers les canaux formés par les vers de terre. D'un côté, l'eau devient trouble ; de l'autre, l'eau reste claire. CQFD.

Et, non contents de l'ignorer, nous avons blessé ses plus proches copines, les haies

Oui, les haies sont l'allié le plus efficace du sol. Elles le protègent de l'érosion contre le vent ; par la photosynthèse dont elles sont le siège, elles concourent à son apport de matière organique ; elles offrent le gîte et le couvert à bon nombre d'insectes ou autres ravageurs qui viennent lutter contre ceux présents dans les champs. Mais notre pays entretient des relations compliquées avec elles, et plutôt conflictuelles. Dans les années 1960 et 1970, la France a connu le « remembrement ». Auparavant, nos campagnes étaient composées d'un patchwork de « petits champs », entourés de haies (celles-là mêmes qui empêchèrent les chars américains de progresser rapidement après le débarquement en Normandie de juin 1944). Mais, pour faciliter la mécanisation agricole, il a été décidé de regrouper ces parcelles en espaces beaucoup plus vastes. Drame pour nos champs, qui aimaient follement leurs haies, mais joie pour nos tracteurs, qui pouvaient pleinement s'exprimer. Depuis 1950, 70 % des haies ont disparu des bocages français, soit environ 1,4 million de kilomètres, selon les chiffres du Conseil général de l'alimentation, de l'agriculture et des espaces ruraux (CGAAER). Entre 2017 et 2021, près de 23 000 kilomètres de haies ont été détruits chaque année, preuve que la situation n'est pas encore stabilisée. Les agriculteurs ne sont évidemment pas les seuls responsables (une partie de ces haies détruites résulte de l'artificialisation du territoire à des fins industrielles ou immobilières), mais leur action peut être déterminante, dans un sens ou dans l'autre.

Ces dernières années, de vastes programmes de replantation ont été lancés. Pour autant, beaucoup de paysans refusent encore d'y participer. Plutôt que de les blâmer, essayons de les comprendre.

Leur raison est-elle économique (le coût de la plantation) ? À l'évidence, pas uniquement. Des soutiens de l'État ou des régions, sont disponibles. J'ai (Julien) eu l'occasion de proposer de nouveaux outils de financement. Ils ont fonctionné, mais la dynamique, réelle, reste encore trop faible.

Faut-il incriminer la charge de travail ? Planter une haie implique de l'entretenir, surtout quand elle se situe le long d'une route. Si vous en êtes le propriétaire et qu'un arbre en tombant cause un accident, vous pouvez être tenu pour responsable.

Ces freins n'expliquent pas tout. Pourquoi toujours si peu de haies dans nos territoires ? Si vous prenez la route pour gagner Chartres, vous verrez la cathédrale de très loin. Certes, du fait de sa haute taille, mais surtout parce que aucune haie, pas la moindre, ne vous en cache la vue. Beauce, morne plaine !

Une ferme est une « entité vivante ». Si, un jour, un paysan vous montre les photos aériennes de son exploitation au fil du temps, vous constaterez comme tout n'a cessé de changer : la taille et la forme des champs, leur orientation, au gré de l'évolution des conditions climatiques ou des choix de l'exploitant. Si les paysans se refusent à planter de nouvelles haies, c'est qu'ils pensent également y perdre toute souplesse, toute capacité d'adaptation. Aujourd'hui, la réglementation est très stricte. Il devient quasi impossible de couper une haie existante, même pour la reconstituer un peu plus loin. S'il est essentiel de protéger strictement les haies (nous en sommes des amoureux, vous l'avez compris), il nous faut admettre qu'une réglementation trop stricte dissuade d'en planter de nouvelles. Imaginez votre maison avec seulement des murs porteurs et aucune cloison ne pouvant être déplacée au fil des changements intervenus dans votre foyer.

Lorsque j'étais ministre, j'avais sollicité la Commission européenne (les règles relatives aux haies dépendent en effet de la Politique agricole commune) en lui proposant le système suivant : interdiction de couper les haies existantes mais possibilité de couper toute nouvelle haie au cours des cinq années suivant la plantation. J'étais en effet persuadé que, ce faisant, le frein « psychologique » à planter des haies pourrait être levé. D'autant qu'une haie, une fois plantée, est le plus souvent adoptée. Malheureusement, je n'ai pas eu gain de cause.

Alerte à l'accaparement

Parce que le sol est cet actif précieux, beaucoup le convoitent à travers le monde.

Ceux qui en saisissent la valeur.

Ceux qui en sont dépourvus.

Ceux qui veulent sécuriser leur approvisionnement alimentaire.

Vous les aurez reconnus : la Chine, les pays du Golfe, l'Arabie saoudite, d'autres puissances régionales, mais aussi des investisseurs privés occidentaux, européens et américains, qu'ils soient industriels ou financiers.

Phénomène de plus en plus inquiétant, cet accaparement des terres n'est ni plus ni moins qu'une nouvelle forme de colonisation rampante. À coups de millions de dollars, on rachète des terres pour pouvoir y développer des cultures et les exporter. On y exploite les ressources, en particulier l'eau. Les retombées pour les populations locales sont faibles, voire inexistantes. Parfois les scandales éclatent : expropriations, exportation de denrées alimentaires depuis des pays pourtant en famine, détournement des cours d'eau dans des régions en stress hydrique... Souvent l'accaparement reste silencieux, se diffusant lentement, sournoisement.

Les données varient mais sont toutes effrayantes : des dizaines de millions d'hectares ont déjà été accaparés depuis le début des années 2000, particulièrement en Afrique et en Asie.

Selon les statistiques disponibles, près de 4 % de la superficie de la République démocratique du Congo a été cédée entre 2000 et 2022. C'est 2 % en Indonésie, 3 % au Soudan, 3 % au Mozambique, 5 % au Cambodge, 5,5 % en Ukraine, 7,4 % au Laos, près de 8 % au Cameroun et 14,6 % au Libéria.

Phénomène amplifié par une demande alimentaire croissante (notamment pour nourrir le bétail), par le développement des agrocarburants (et la production de plantes énergétiques), et désormais par le photovoltaïque (des champs repris pour y installer des panneaux). Il est à craindre que cette invasion ne s'accentue par les effets du changement climatique et la diminution des terres arables de plus en plus précieuses.

Ces accaparements de terres concernent-ils uniquement les pays à faible revenu, plus fragiles ? La réponse est non. On les retrouve jusque dans nos contrées.

Des investisseurs privés, multinationales ou étrangers (Chinois, Belges...), lorgnent avec gourmandise nos terres fertiles. Ils tentent régulièrement d'en prendre possession, au détriment de nos agriculteurs, et en dépit des contrôles pourtant stricts effectués par les SAFER, organes sous tutelle du ministère de l'Agriculture et du ministère des Finances.

C'est pour lutter contre ce phénomène qu'une nouvelle loi, dite Sempastous, du nom du député qui l'a portée, a été adoptée en France en 2021. Elle permet d'accroître les pouvoirs de contrôle pour les cessions de terre à des sociétés.

L'agriculture, le sol, les fermiers : LE triptyque à préserver.

L'agriculture régénérative

Conseiller culturel du président Mitterrand, j'avoue (Érik) avoir scandaleusement usé de mon poste pour recevoir (et donc rencontrer) les personnalités qui me passionnaient le plus. Parmi lesquelles l'immense historien Fernand Braudel. Il me racontait son dernier grand œuvre, *L'identité de la France* : « Et vous savez ce que j'ai trouvé, tout au fond de notre identité ? Notre diversité. Cet incroyable cadeau, unique au monde sans doute. » Il souriait, gourmand : « La France est constituée, oui constituée, de trois cent cinquante pays ! Trois cent cinquante ! Presque autant que de jours dans une année ! »

De même, « agriculture(s) française(s) » n'a de sens qu'au pluriel, tant elle revêt de formes.

N'oublions jamais ces deux « s », tant ils sont importants. Agriculture de conservation des sols. Agriculture biologique. Celle dite HVE (Haute valeur environnementale), celle qui fait la part belle aux haies. Agriculture de montagne. Celle des plaines. Permaculture. Dans l'univers viticole, la biodynamie.

Il faudrait aussi saluer les mesures agroécologiques, si essentielles, liées à l'assolement, aux bandes mellifères ou aux prairies permanentes.

Toutes ces agricultures ont leur spécificité. Certaines sont plus protectrices du climat, d'autres plus protectrices de la biodiversité. Certaines doivent accélérer leur transition plus que d'autres.

Mais toutes sont importantes, pour nos territoires, pour nous.

Et toutes peuvent, doivent être reliées par une pensée commune : une agriculture régénérative. Retenez bien cette expression. C'est l'avenir.

* * *

Un petit détour vers le dictionnaire s'impose.

« Régénérative » qualifie celui ou celle « qui a la vertu de "régénérer", de renouveler, de reconstituer une partie détruite naturellement ou accidentellement, de produire de nouveaux individus semblables à lui-même ». En somme, l'agriculture régénérative est celle qui fait revivre la terre, lui redonne sa vigueur et sa fougue. Douce mélodie qui n'est pas sans rappeler la pensée des physiocrates.

Le premier à sourire est le sol : quel bonheur d'en finir avec des labours destructeurs ! Quelle joie de voir les haies se reconstituer ! Pour lui si pudique, quel soulagement de n'être plus jamais nu, mais vêtu de couverts (végétaux). Et rien ne le chatouille plus joyeusement que le jeu de tous ces vers de terre qu'il abrite, passion qu'il partage avec les héros de Gaspard Koenig dans son dernier roman *Humus*.

Même si elles le perforent, le sol aime les racines. C'est ce que nous explique Pierre en détaillant un cycle capital, celui du carbone. Ce directeur de recherches au CNRS en est l'un des experts mondiaux. Durant toute la vie d'une plante, ses racines rejettent dans le sol de nombreux éléments organiques. Lorsqu'elle meurt, ces racines se décomposent, constituant en elles-mêmes de nouvelles matières organiques. Ce faisant, elles nourrissent le sol. Or, depuis des décennies, la recherche agronomique s'est attachée à sélectionner des plantes produisant davantage de grains que de racines. Leur taille s'est ainsi raccourcie. Fatale erreur qu'il faut aujourd'hui réparer. Écoutez le sol, il crie : « Vive les racines longues ! » « Vive », au sens strict.

Le sol s'interroge. Sur son dos, il voit se succéder les cultures. Ce qu'il déteste, c'est lorsque ces cultures, années après années, sont toujours les mêmes (succession de blé ou de maïs par exemple). Il sent bien qu'elles l'appauvrissent puisqu'elles prélèvent en lui toujours les mêmes minéraux. Si au contraire les rotations sont variées, les plantes s'enrichiront les unes les autres.

C'est pour cette raison que le sol a un faible pour la luzerne. Il faut dire que la beauté de ses fleurs violettes tirant vers le bleu, groupées en grappes fournies, est à tomber. En provençal, *luserna* signifie « ver luisant », référence au brillant de ses graines.

Dans la Marne, à Saint-Rémy-sur-Bussy, je (Julien) visite l'usine Luzéal, l'un des cinq sites de la plus grande coopérative française assurant près de 35 % de la production nationale. Luzéal transforme plus de 21 000 hectares de luzerne produite par les 1 850 agriculteurs adhérents.

Ultra-riche en protéines, plus encore que son ennemi juré, le soja sud-américain, la luzerne est utilisée pour nourrir le bétail. Elle appartient à la famille des légumineuses, comme le pois ou la fève, et a la particularité, grâce à de petits nodules sur ses racines (encore elles !), de fixer l'azote de l'air et de l'enfouir dans le sol. Elle n'a donc pas besoin d'engrais pour croître. Mais comme elle est généreuse, elle redistribue au sol beaucoup plus d'azote qu'elle n'en consomme. Les cultures qui suivront pourront donc, elles aussi, se passer d'engrais.

Autre avantage de la luzerne, son système racinaire atteint de grandes profondeurs. Ainsi se creusent des galeries (les mêmes que celles des vers de terre), qui permettent à l'eau de pénétrer plus facilement et au sol d'améliorer sa perméabilité.

Magie, direz-vous. Point du tout. Attention portée à la nature ; et recherche qui la respecte !

VII

DANS UNE SOCIÉTÉ PRISE EN OTAGE PAR L'IMMÉDIAT, N'OUBLIONS SURTOUT PAS LE TEMPS

L'agriculture et le temps sont intrinsèquement liés.

Parler de la première revient tout de suite à évoquer le second.

D'abord, le temps qu'il fait. Le baromètre (qui mesure la pression de l'air, et donc les perturbations à venir) n'est-il pas l'objet le plus couramment pendu dans chacun des vestibules des fermes ? Certes, il a aujourd'hui laissé place aux applications sur téléphone portable, voire aux mini-stations météo installées dans les champs, mais le résultat est le même. Un agriculteur pense au temps qu'il fait matin, midi et soir. Il faut dire que ce métier n'a pas de toit, et que ses revenus sont intrinsèquement corrélés aux annonces d'Évelyne Dhéliat, Louis Bodin ou Catherine Laborde.

Mais la météo n'est au final que le reflet d'un temps qui passe, celui de la durée. Continuer, tel est le défi de nos agricultures, aujourd'hui percutées de plein fouet par le changement climatique. Si demain les plantes que je sème ne peuvent plus vivre sur les territoires dont je m'occupe, ni nos forêts pluricentenaires, comment m'adapter ? Si demain l'eau n'y coule presque plus, comment protéger ce qui reste et changer mes pratiques ? Si demain ce « que les anciens n'avaient jamais vu » devient la norme, comment faire ?

Ces questions hantent les agriculteurs et les forestiers. Ils ne pensent pas que météo. Ils pensent « climat », c'est-à-dire temps long. Et c'est le plus difficile.

Le temps des forêts

Il faut une forme d'abnégation pour être forestier. Celle d'un travail dont les résultats ne se verront que le lendemain. Celle d'une capacité à se soustraire aux exigences d'aujourd'hui pour imaginer celles qui viendront.

Les forestiers au chevet de Notre-Dame

Le 5 mars 2021, donc après l'incendie de Notre-Dame, nous étions nombreux à nous être réunis dans cette superbe forêt de Bercé, dans la Marne. Ancien domaine royal destiné à la fabrication des navires de guerre, cette forêt est connue dans le monde entier pour la qualité de ses chênes. Vous avez peut-être déjà eu l'occasion de boire un peu des arbres de Bercé... oui, boire ! Car la qualité de ces chênes est telle qu'ils sont très recherchés par les fabricants de tonneaux. Ils transcendent le vin qui vient s'y reposer.

« Je suis la quatorzième génération de sylviculteurs qui prend soin de cet arbre que nous allons aujourd'hui couper pour reconstituer Notre-Dame. » Telles furent les paroles de la responsable de l'Office national des forêts, formidable institution française. Cette femme d'une quarantaine d'années, vêtue de l'uniforme des agents de l'ONF, reconnaissable à son dégradé de verts, représentait à elle seule la grandeur de ce métier ; une compréhension totale de la vie des arbres, des gestes précis, une lecture sans faille du paysage. Toute petite par rapport à ces gigantesques végétaux, elle était à leur écoute et à leur service.

Quatorze générations durant, les sylviculteurs de la forêt de Bercé ont pris soin de ces chênes, s'assurant tour à tour de leur santé, de leur morphologie, de leur croissance. Ils savaient, sauf les plus jeunes, qu'ils ne verraient pas l'utilisation de ces arbres, ces chênes qui viennent désormais rejoindre l'immortelle Notre-Dame. Un pont entre les temporalités : celle de l'Homme éphémère, qui travaille le chêne bicentenaire, qui rend vie à la cathédrale millénaire. N'y a-t-il pas là quelque chose qui nous dépasse ?

Ne parlez pas d'immédiateté, elle est impossible, alors même que les forêts, elles aussi, sont soumises aux conséquences du changement climatique et qu'il y a urgence.

Complexité au carré.

Balades dans les forêts françaises

Connaissez-vous la différence entre un typographe et un typographe ?

Même mot, même orthographe, et pourtant deux significations.

Le premier désigne le métier de technicien spécialisé dans le domaine de l'impression et de la création des caractères (les fameuses « polices »), celui qui fait tourner l'industrie de l'imprimerie. Sans typographe, vous n'auriez pas l'occasion de lire ces pages.

Le second désigne un insecte. Un coléoptère, de petite taille, ligniforme, bien moins charmant que ses cousins le scarabée ou la coccinelle. Ce typographe fait partie de la famille des scolytes, des ravageurs qui s'en prennent à nos forêts. Vous avez certainement déjà dû les croiser sans le savoir.

Suivez-nous dans la région Grand Est, dans une forêt d'épicéas (un résineux comme les sapins, les pins ou les douglas). Vous voyez ces arbres tout marron et moribonds ? Ils subissent la foudre de ces typographes qui creusent de fines galeries dans leur écorce, viennent se nourrir du bois tendre situé juste en dessous, permettent à de nombreux parasites de rentrer dans l'arbre. Lequel finit par dépérir et mourir.

Pourtant, il y a quelques années, les typographes étaient rares en France. Mais, avec le réchauffement climatique et des conditions qui leur sont propices, leur extension a été très rapide. Après le Grand Est, ils sont maintenant en Bourgogne-Franche-Comté, dans les Hauts-de-France, en Normandie, mais aussi en Auvergne-Rhône-Alpes et en Gironde.

Près de 60 000 hectares de forêts d'épicéas ont été ravagés de leur fait en quelques années. Il n'y a pas de solution évidente pour lutter contre ces typographes. On tente parfois de les écarter ou de les capturer grâce aux phéromones (substance chimique naturelle qui attire ou repousse les insectes), mais sans effet décisif. La seule réponse efficace est de couper au plus vite les arbres touchés ainsi que leurs voisins pour essayer de limiter la propagation.

Quittons le Grand Est pour rejoindre la Normandie.

Lorsqu'en décembre 2020 je (Julien) me rends dans la forêt de Lyons-la-Forêt, ironie du sort, il pleut. J'y suis accueilli par d'autres agents de l'ONF en charge de cette hêtraie, parmi les plus belles de France et d'Europe, sur près de 14 000 hectares. Pendant des siècles, elle a permis de fournir en bois les verreries du territoire. À la fin du XVIIe siècle, la plupart du verre de France en était issu. Puis la verrerie déclina, la forêt fut classée « Bien national », on y trouve désormais de majestueuses futaies avec des arbres multicentenaires atteignant jusqu'à 45 mètres de hauteur.

« Aujourd'hui, les hêtres souffrent terriblement du changement climatique : manque d'eau et attaque du champignon Nectria, reconnaissable à ces petites pustules de couleur corail.

— Est-ce tenable ?

— Non, les hêtres ne sont probablement plus adaptés à ce territoire. C'est un crève-cœur, mais il faut affronter la réalité. »

Dans une société prise en otage par l'immédiat…

Quelle plus grande, et plus angoissante, responsabilité que celle des forestiers ? Choisir aujourd'hui les espèces qui seront viables dans cinquante ou cent ans…

Depuis 2018, plus de 300 000 hectares de forêts publiques en France ont été dévastés par le changement climatique. Double peine, puisque cette diminution des forêts réduit leur rôle comme puits de carbone et donc accélère d'autant plus la cause de leur malheur.

De vastes plans de reboisement ont été décidés par l'État, avec des financements importants. À chaque fois la même question : « Que devons-nous planter ? »

Quitte à changer la face de nos forêts.

Ce pire ennemi : le dérèglement climatique

Vous l'avez peut-être déjà vu sur un plateau de télévision ou entendu à la radio, tant il est sollicité ces derniers mois. Il porte toujours un Stetson sur la tête, un signe distinctif pour un homme en tout point singulier : c'est l'un de nos plus grands agro-climatologues, il s'appelle Serge Zarka. Vous pouvez le suivre sur les réseaux sociaux, mais ayez le cœur bien accroché tant ses analyses sont effrayantes. Elles sont pourtant bien réalistes.

J'ai (Julien) souvent eu l'occasion de travailler avec Serge. C'est un grand plaisir de le retrouver quelques mois après ma sortie du gouvernement. Il n'a plus de voix tant il enchaîne les conférences devant des organisations agricoles inquiètes de leur avenir. Nous sommes en juin 2023, le niveau des nappes phréatiques est au plus bas.

La plus grande difficulté pour les climatologues est de réussir à faire comprendre l'inévitable (le réchauffement) tout en travaillant sur une matière pleine d'incertitudes. Serge, comme ses pairs, est un expert des modèles. Il jongle de carte en carte, d'estimation en estimation. En tant qu'agroclimatologue, ses analyses ne prennent pas en compte uniquement la température de l'air, mais aussi l'évapotranspiration des plantes (oui, les plantes transpirent, et plus il fait chaud, plus elles transpirent !) ou encore les caractéristiques du sol (plus un sol est profond, plus il retient l'eau). Comme beaucoup de scientifiques, il subit de sévères critiques de la part des climatosceptiques, tous ceux qui ne veulent pas voir la réalité en face. Mais ses conclusions sont implacables : nos agricultures vont devoir anticiper de profondes mutations d'ici à 2050. C'est-à-dire demain. D'autant plus que les changements s'accélèrent.

Serge me rappelle que l'année 2022, marquée par une très forte sécheresse, est la plus chaude jamais enregistrée en France mais constitue, tenez-vous bien, la situation « moyenne » de ce qui devrait nous attendre en 2050 ! Dit autrement, dans vingt-cinq ans, ce que nous avons considéré comme une année caniculaire avec de très lourdes conséquences agronomiques sera la norme...

Le maïs ? Le Midi-Pyrénées, pourtant principal territoire producteur, devra y renoncer. Pour être précis, le maïs pourra toujours y pousser, mais avec des rendements si faibles qu'il ne sera plus rationnel de le cultiver. En 2022, sa production y a diminué de 50 % en moyenne par rapport aux années précédentes. Ce sera le cas tous les ans à partir de 2050.

Il faut déjà penser à lui substituer de nouvelles cultures (tournesol, sorgho). « Changer de culture » ne suffit pas, il faut aussi que la chaîne industrielle et de transformation s'adapte.

Le pois fourrager ? D'ici dix ans il ne sera plus possible d'en cultiver en France. On devra le remplacer par d'autres espèces, comme le pois chiche.

La vigne est, quant à elle, l'une des plantes les plus résistantes à la sécheresse. Elle dispose en effet de racines en pivot capables d'aller puiser de l'eau plus profondément que les autres plantes. Les territoires actuels pourront donc continuer à l'accueillir, mais d'autres régions vont commencer à planter. Depuis 2019, les premières bouteilles de *charbonnay* (à ne pas confondre avec le chardonnay), venues du Pas-de-Calais, sont commercialisées !

Pour le blé, c'est plus compliqué. Pour bien comprendre, replongeons-nous dans nos cours de biologie. Une plante vit grâce à la photosynthèse, ce processus bioénergétique qui lui permet de transformer le CO_2 qu'elle capte dans l'air et l'eau puisée dans le sol en matières organiques (notamment des glucides) et en oxygène. C'est le processus qui rend possible notre vie sur Terre. Si ce mécanisme est commun à toutes les plantes, chacune a sa spécificité. Sans entrer dans les détails, les plantes dites « en C4 », tel le maïs, optimisent la photosynthèse, c'est-à-dire qu'avec une même quantité de CO_2 dans l'atmosphère elles produiront plus de matières organiques que les plantes « en C3 », comme le blé. Mais cet avantage disparaît peu à peu quand la concentration en CO_2 dans l'atmosphère augmente trop. Ainsi, l'augmentation du carbone va permettre, contre toute attente, au blé de croître plus vite ! Et, comme le blé est récolté au tout début de l'été (à la différence du maïs, qui est récolté plus tard), il évitera les chaleurs estivales. À condition, bien sûr, que les terres plantées de blé aient reçu suffisamment d'eau en hiver et au printemps. Conclusion étonnante : son rendement pourrait donc diminuer au sud de la France mais croître au nord !

Anticiper et s'adapter.

Se battre pour empêcher.

La vie comme elle va, aujourd'hui

Ardèche, avril 2021.

C'est la guerre, en tout cas cela y ressemble.

D'un côté, la force de la Nature, de l'autre la fragilité humaine. Malheureusement, la fin tragique est écrite à l'avance, l'Homme est bien petit face aux intempéries.

En ce mois d'avril 2021, une terrible vague de froid s'abat sur la France. Un gel tardif. Les arbres fruitiers ont déjà commencé à fleurir, la vie printanière s'est installée avec l'insouciance des frêles bourgeons qui se mettent à éclore. Mais le bourdonnement de la vie est soudain saisi par la rigidité cadavérique du froid polaire.

Trois nuits consécutives où les températures chutent brutalement.

Alors les agriculteurs s'activent. À tout prix, il faut protéger fleurs et bourgeons. Dans quelques semaines, ils deviendront amandes, abricots, cerises, raisins, pommes, poires…

Des grosses bougies sont installées au pied des arbres fruitiers. Il faut réchauffer l'air. Ô flammes, vous semblez si petites face au froid. Les températures continuent à descendre : – 2 °C…

Avez-vous une réserve d'eau ? Oui, alors aspergez les arbres fruitiers : au contact du froid, l'eau formera une couche de glace autour de la fleur ou du bourgeon. Une sorte d'igloo à l'intérieur duquel l'air restera autour de 0 °C, permettant au fruit de ne pas geler. Magnifique spectacle que ces arbres devenus sculptures de glace.

Mais les températures continuent leur chute… – 3 °C. Dans les champs, on allume de nouvelles bougies, on arrose là où l'on peut… – 4 °C. Tentative de réanimation, comme à l'hôpital… – 5 °C, – 6 °C. C'est fini, on a perdu, rien ne résiste.

Les bourgeons sont dévastés par le froid. Ils ne s'en remettront pas.

On change de parcelle, et on mène à nouveau le combat. Avec le renfort d'une sorte de petite éolienne (elle permet de maintenir un flux d'air en haut des arbres fruitiers pour empêcher la chaleur des bougies de s'évaporer dans le ciel). Elle tourne à plein régime. On croise les doigts pour qu'elle apporte salut et réconfort. Mais la machine, elle non plus, n'arrive pas à vaincre le froid.

Ainsi va la nuit, de parcelle en parcelle. Satanée gelée tardive. Telle une symphonie tragique, elle emporte tout sur son passage.

Le lendemain matin, le champ de bataille porte les stigmates de la lutte : les pots de naphtaline (les bougies) sont là, vides. Les tuyaux d'eau aussi. La petite éolienne est immobile. Un brasier est encore allumé.

Les traits des agriculteurs sont tirés. Tous sont épuisés.

Quand je (Julien) me rends à leurs côtés, c'est la désolation. Partout le même effroi : Ardèche, Drôme, sud de la France, mais aussi Essonne ; plus de dix départements ont souffert. En trois jours, des centaines de milliers d'hectares ont été emportés par le gel. Il s'agit de la plus grande catastrophe agronomique du début du XXIe siècle. Les indemnisations que nous mettrons en place seront nécessaires mais ne compenseront en rien le désarroi face à cette année de travail balayée en l'espace de quelques nuits.

Jérôme Pasquio est maraîcher à Colombier-le-Cardinal, en Ardèche. Chez lui, il a fait jusqu'à – 10 °C. Nous sommes sur une parcelle d'abricotiers, ou plutôt ce qu'il en reste. Il prend entre ses mains une petite boule verte (le futur abricot), la rompt en deux : normalement, on devrait y voir du blanc, mais l'intérieur est noir. Le noir de la mort. Sur sa ferme, les pertes sont colossales : de 80 à 100 % en fonction des parcelles.

Pourquoi de telles gelées tardives ? Le dérèglement climatique.

À quelques centaines de kilomètres de là, trois mois après. Juillet 2021.

Voici une vache, seule sur une île ? Entourée d'eau. Son auge et son fourrage sont sur l'autre rive.

Nous sommes près de la commune de Mayot, dans le département de l'Aisne. Les jours précédents ont connu un véritable déluge. Des trombes se sont abattues en Allemagne, en Belgique et dans le nord de la France. Par ruissellement, et suivant le cours du bassin versant, une partie de l'eau se retrouve ici. En quelques heures, le niveau monte, ne cesse de grimper, finit par envahir des milliers d'hectares de terres agricoles.

La vache est prise au piège. Seul son îlot lui permet de garder les pattes au sec. Il faudra plusieurs jours avant la décrue. Entre-temps, les cultures seront dévastées : fourrages, céréales, tout y passera. Normalement, à cette saison, on est supposé faire les moissons. Des pertes massives pour toute la filière.

J'observe (Julien) ce tableau déchirant. Le calme après le déluge. Les agriculteurs ont un genou à terre. Les aides financières seront là aussi bienvenues, mais bien maigres par rapport au travail englouti par les flots.

La vache finira par quitter son île. Les champs finiront par sécher. Les agriculteurs se demanderont s'ils seront épargnés l'année prochaine.

Au même moment, dans le sud de la France.

« De mémoire d'anciens, nous n'avons jamais vu cela, une telle sécheresse et maintenant un soleil caniculaire. » Paroles de jeune vigneron.

L'année suivante au même endroit, paroles du même jeune vigneron : « Cette année, la sécheresse est effroyable. De mémoire d'anciens, nous n'avons jamais vu cela. »

L'année prochaine, il y a fort à parier qu'on entendra la même terrible rengaine : « De mémoire d'anciens, nous n'avons jamais vu cela »…

Si la vie est un éternel recommencement, les conséquences du changement climatique sont en perpétuelle aggravation. Une épée de Damoclès au-dessus de la tête de ce jeune vigneron et de ses collègues. Il a dû s'endetter de plusieurs centaines de milliers d'euros pour pouvoir reprendre le domaine viticole. Chaque année, les traites bancaires doivent être réglées et les banques ne connaissent pas les intempéries climatiques. Alors, quand le gel, la grêle ou la sécheresse arrivent, c'est potentiellement la faillite.

Quelle protection face au dérèglement climatique ?

« Êtes-vous assurés contre ces intempéries ? » (question que je (Julien) n'ai eu de cesse de poser lorsque j'étais ministre).

— Non, ça coûte trop cher et ça couvre trop mal (même réponse partout sur le territoire). »

Un constat s'imposait : les assurances ne marchent pas. En 2016, après la terrible sécheresse, les agriculteurs, dégoûtés de voir que les assureurs ne les avaient pas aidés, ont massivement résilié leur contrat d'assurance.

Dans le courant de l'année 2022, nous avons fait adopter une loi (avec l'aide d'un député de grande qualité, Frédéric Descrozaille) pour introduire un nouveau système de protection contre le changement climatique. Encadrement précis des assureurs, meilleure couverture, accès facilité. Au moment où nous écrivons ces lignes, cette assurance se déploie sur le territoire. Elle permettra, si tant est que cela soit possible, à certains agriculteurs de dormir plus sereinement.

Indispensable, certes.

Mais jamais une assurance ne remplacera la lutte de long terme contre le changement climatique et l'adaptation aux nouvelles conditions. Les agriculteurs sont souvent si seuls…

* * *

Lorsque je (Julien) prends la tête du ministère de l'Agriculture, je demande à mes équipes :

« — Combien de personnes travaillent au sein du ministère sur les questions de l'eau ?

— Cinq.

— Vous voulez dire que pour s'attaquer au problème le plus crucial pour notre agriculture, nous n'avons que cinq personnes (sur quinze mille agents) ?

— Oui, tous nos spécialistes sont partis au ministère de l'Environnement. Nous avons donc perdu cette compétence. »

En juin 2021, nous avons lancé un exercice nommé « Varenne de l'eau et du Changement climatique ». Pourquoi Varenne ? Parce que c'est le nom de la rue où se situe le ministère de l'Agriculture. Notons au passage l'ironie de la chose : une varenne est un « terrain incultivable où les bêtes se promènent », ce qui deviendra (puisque les animaux s'y promènent) « domaine de chasse réservé au Roi ».

L'objectif de ce Varenne de l'eau et du Changement climatique était d'accompagner les agricultures dans ce défi du temps long. Sécheresses, canicules, gelées tardives, inondations, mais aussi impact de son activité sur le changement climatique : l'agriculture française n'a d'autre choix que de se réinventer. Le terme est fort mais justifié. Comment, filière après filière, pouvons-nous construire un plan d'action ?

Pour réduire la consommation d'eau, utilisons de nouvelles installations et continuons à adapter nos pratiques agricoles.

Pour diminuer les émissions de gaz à effet de serre (l'agriculture représente environ 20 % des gaz à effet de serre émis chaque année en France), renforçons l'utilisation d'engrais organiques par rapport aux engrais chimiques, remettons plus de légumineuses dans les assolements, favorisons les élevages avec des prairies permanentes...

Pour adapter les productions aux conséquences du changement climatique, identifions des plantes plus résistantes, acceptons de modifier la nature même des cultures, constituons des réserves d'eau là où c'est possible et raisonnable.

Des plans de longue durée ont été lancés, avec des investissements associés. Un collectif, État, Chambre d'agriculture, agriculteurs, associatifs, mais aussi scientifiques, pour ne pas attendre que le ciel nous tombe sur la tête.

La science face à l'impatience

Depuis toujours, le temps et l'eau se sont parlé, puisque la seconde, une rivière qui coule, était la forme visible du premier, les heures qui passent. Si bien que, des siècles durant, on utilisa l'eau comme horloges, baptisées clepsydres.

Or voici qu'une même maladie les a frappés ensemble. Elle a pour nom accélération, et, quand elle s'aggrave, instantanéité, le toujours plus vite ! La lenteur est un poison mortel. L'impatience est salutaire, surtout quand elle est synonyme de refus de toute résignation.

Mais la durée est parfois difficile à appréhender : combien de temps pour qu'une graine germe, qu'une plante pousse, qu'une haie refasse surface, qu'une nappe phréatique se recharge…

Impatience et durée font mauvais ménage. Et pourtant, il faut accepter leurs désaccords. Car la transition agroécologique, et son rythme, dépendront d'eux.

L'affaire des néonicotinoïdes

L'amitié n'empêche pas les désaccords. On dit même qu'elle s'en nourrit. Et lorsque cet ami fut, deux ans durant, ministre, qui est plus est de l'Agriculture, l'attitude consistant à TOUT approuver de son action ne peut avoir que deux sources, parfois complémentaires : une ignorance coupable des dossiers ou une révérence suspecte envers le pouvoir (la révérence venant d'ailleurs souvent de l'ignorance). Ne vous inquiétez pas ! Je (Érik) continue d'adorer me plonger dans les dossiers et chaque année qui s'ajoute à mon âge, si elle rend moins fluide ma mobilité, me fait gagner en liberté de penser. En conséquence, je, soussigné Érik Orsenna, suis loin d'applaudir à toutes les décisions du Julien dont il s'agit.

Vous voulez un exemple d'opposition farouche ?

Dans la nuit du 6 au 7 octobre 2020, le ministre Denormandie faisait voter par l'Assemblée nationale un texte réautorisant l'utilisation des néonicotinoïdes, pesticides depuis peu interdits pour l'incontestable raison qu'ils ne tuent pas seulement les pucerons verts agresseurs de betteraves, mais tous les insectes alentour, à commencer par les abeilles. Si je suis amateur de miel, j'aime d'amour les oiseaux, lesquels se nourrissent… d'insectes. Bientôt, la prophétie de la biologiste Rachel Carson se trouvera vérifiée : plus aucun chant n'égaiera le ciel, le printemps sera silencieux.

Alors, cette tolérance envers un poison, même si on la présentait comme « une dérogation provisoire », ne pouvait m'apparaître que comme irresponsable, un très scandaleux retour en arrière, une nouvelle et grave atteinte à la biodiversité, une fois de plus sacrifiée, cette fois sur l'autel de la production de sucre.

Deux ans plus tard, le jeudi 19 janvier 2023, en pleine rédaction de ce livre, la Cour de justice de l'Union européenne déclarait illégales ces dérogations concernant des produits considérés comme toxiques.

Dommage pour le gouvernement français ! Il s'apprêtait justement à renouveler son autorisation « temporaire ».

Couvant sous la cendre, ma colère ne pouvait que renaître.

D'autant qu'à ma préoccupation ornithologique s'ajoutait une ire de juriste. Ancien conseiller d'État, je suis familier des enquêtes d'intérêt public et de tous les comités Théodule qui tentent de légitimer les décisions préfectorales.

Pour encadrer et réguler l'emploi de ces substances nocives, un « Conseil de surveillance » a été créé. Sa composition respecte-t-elle la différence des points de vue ou sa majorité est-elle construite d'avance, pour donner la priorité aux betteraviers ?

Bref, monsieur l'ex-ministre, avez-vous évolué sur ce sujet ? Pour sauver nos betteraves, n'avons-nous vraiment pas d'autre choix que de continuer à utiliser des néonicotinoïdes ? En médecine, un « néo » est un tissu morbide, constitué de cellules proliférantes, en d'autres termes un cancer…

La parole est à la défense.

Il y a dans la vie des décisions qui sont plus difficiles à prendre que d'autres. Celle sur les néonicotinoïdes fut probablement l'une des plus dures que j'ai eu à acter. Je l'ai fait en ayant conscience des impacts de ce produit sur la biodiversité, et particulièrement sur les abeilles. Ingénieur agronome et des eaux et forêts, j'ai une connaissance précise de ces produits, de leurs usages et de leurs impacts. J'ai également un amour aussi fort que toi, mon cher Érik, pour la biodiversité et la protection de l'environnement. C'est pour cela que dès mes études, je me suis tourné vers ces métiers du vivant. Et pourtant j'assume pleinement la décision que j'ai prise il y a trois ans.

Alors, cher Érik, tu me diras que je suis fou et que je ne m'assagis nullement avec les années. Pourtant, que les choses soient claires : à la question, est-ce que les néonicotinoïdes sont un produit toxique dont il faut se passer ? La réponse est OUI, trois fois OUI. Aucun doute là-dessus. Mais alors, pourquoi avoir permis leur utilisation pour la culture des betteraves sucrières en France ? Tout simplement parce que le risque d'arrêter la production de sucre en France existait véritablement. On peut se dire, sans se soucier des dizaines de milliers d'emplois concernés : « Eh bien, ce n'est pas grave, on importera du sucre ! » Figure-toi que ce sucre serait venu de pays qui utilisent les mêmes néonicotinoïdes ! Plus de dix pays européens autorisaient en effet leur utilisation faute d'alternatives.

Je sens ton scepticisme et ta suspicion derrière ta moustache. Ce même scepticisme que doivent avoir nos lecteurs en prenant connaissance de cette discussion.

D'abord, de quoi parle-t-on ? D'un puceron, ou plus exactement de plusieurs pucerons, qui trouvent gîte et couvert dans les champs de betteraves et les infestent. La conséquence est sans appel : les betteraves n'arrivent pas à se développer, elles ne produisent plus de sucre en quantité. Et le cercle vicieux se déclenche. Ces betteraves sont envoyées dans des sucreries, qui sont des appareils de production très peu rentables. Faute de sucre dans les betteraves, leur rendement s'effondre. Faute de rendement, les sucreries ferment. Et une sucrerie qui ferme ne rouvre jamais.

J'étais le premier exaspéré, mais c'est une réalité : aucune alternative n'existait au moment où j'ai pris cette décision. Certains ont dit : « Le bio n'est pas impacté par les pucerons. » C'est faux. Le bio l'est tout autant. D'autres ont dit qu'il existait des produits de substitution : quelques pesticides, mais qu'il faut épandre en masse pour une efficacité moindre et des dégâts environnementaux pires. Donc, ça ne marche pas. Certains ont mis en avant qu'il suffisait de subventionner les sucreries pour qu'elles ne ferment pas en attendant de trouver une solution, mais un appareil de production qui ne tourne pas ferme inéluctablement.

Alors, clairement, il y a eu une faute, à la fois politique et économique. La loi interdisant les néonicotinoïdes avait été adoptée en 2016, soit quatre ans avant ma décision. Et pendant ces quatre années, nombreux sont ceux qui ont attendu de se heurter au mur sans investir suffisamment dans les alternatives : politiques, filières, chercheurs... une responsabilité collective. C'est bien beau de se le dire, mais cela ne donne pas pour autant une solution.

Ma première action fut la mise en place d'un plan national de recherche de plus de 7 millions d'euros pour accélérer l'identification d'alternatives autour de produits de substitution, du bio-contrôle (lorsque des insectes amis tuent d'autres insectes ennemis), de la génétique (trouver des espèces de betteraves résistantes) ou encore de pratiques agronomiques (introduction à proximité des betteraves d'autres plantes dites « compagnes » pour repousser les pucerons). Oui, clairement, il aurait fallu que ces sommes soient investies dès 2016, d'autant plus que ces recherches sont aujourd'hui fertiles !

J'ai donc pris cette décision difficile. Je l'ai fait en mettant en place des mesures de précaution : réduction des doses autorisées, limitation des cultures pouvant être semées après une culture de betteraves pour éviter la remontée des néonicotinoïdes restant dans le sol... tout cela avec le contrôle des scientifiques de l'ANSES (Agence nationale de sécurité sanitaire de l'alimentation, de l'environnement et du travail).

Soyons lucides, mon cher Érik ; tu n'arrêteras pas de manger du sucre, n'est-ce pas ? Et si ce sucre vient de pays qui, eux, utilisent les néonicotinoïdes et d'autres produits, le bilan ne sera pas meilleur, bien au contraire ! Je préfère garder les productions en France et les faire évoluer, plutôt que de m'en remettre aux autres pays. Les derniers mois, entre la Covid et la guerre en Ukraine, en ont rappelé l'importance cruciale.

Lors de mes auditions devant les parlementaires, j'avais été interrogé sur la moutarde : « Mais pourquoi n'autorisez-vous les néonicotinoïdes que pour la betterave et non pour la moutarde, qui fait face à la même difficulté ? »

Je considérais que la moutarde, récoltée après floraison, à la différence des betteraves, expose encore plus les abeilles, qui viennent butiner sur les fleurs. Mais j'avais mis en garde : « Vous verrez, nous avons perdu notre souveraineté en production de grains de moutardes, nous l'avons déléguée aux Canadiens, qui utilisent des produits bien pires que les nôtres. C'est une catastrophe environnementale. Qui plus est, s'il se passe quoi que ce soit, nous manquerons de moutarde dans nos supermarchés. » Nous étions en 2020. On m'avait alors accusé de jouer sur les peurs. Il y eut ensuite des sécheresses terribles au

Canada, mais aussi les troubles logistiques liés à la Covid. Résultat : plus de moutarde dans nos magasins… tout le monde s'en souvient.

Ce qui est certain, c'est que nous devons accélérer, encore et encore, l'arrêt de l'utilisation de bon nombre de produits qui impactent l'environnement. C'est une nécessité vitale pour nos écosystèmes, pour notre environnement, pour nos agricultures, et le monde agricole le sait bien. Mais nous devons le faire avec méthode : investir le plus en amont possible dans les alternatives ou alors changer radicalement de comportement (arrêter de manger du sucre, y sommes-nous prêts ?).

Il faut avoir le courage d'affronter le temps des transitions.

Bonne nouvelle : nous pouvons accélérer le temps !

Non au mildiou, non à l'oïdium.

Ces maladies comptent parmi les plus dangereuses pour les vignes, mais aussi pour d'autres cultures comme la pomme de terre. Le mildiou est causé par un « pseudo-champignon » qui vient pomper toute l'énergie de la plante jusqu'à assèchement. Nos amis irlandais s'en souviennent bien. Entre 1845 et 1852, ils ont subi de plein fouet l'attaque sur leurs cultures de pomme de terre, conduisant à la famine du siècle : les historiens estiment à 1 million le nombre de morts en Irlande (plus de 100 000 dans le reste de l'Europe). L'oïdium est, quant à lui, un champignon qui a pour particularité de se propager très rapidement. Entre 1853 et 1854, l'ensemble du vignoble du sud de la France est contaminé et la production chute de 75 % !

Favorisés par l'humidité et les chaleurs, le mildiou et l'oïdium sont la hantise des vignerons, qui inspectent jour après jour leur vigne pour s'assurer qu'elle reste indemne et utilisent des produits phytosanitaires pour la prévention et la lutte contre ces maladies.

Alain Bouquet ; ce nom ne vous dit rien, et pourtant hommage doit lui être rendu. Chercheur à l'Institut national de recherche pour l'agriculture, l'alimentation et l'environnement (INRAE), il dédia sa vie à la recherche de plants de vignes résistants au mildiou et à l'oïdium. À partir des années 1970, il découvrit que des vignes américaines (*Vitis rupestris*) et asiatiques présentaient des résistances à ces maladies. Il décida alors de les croiser avec des vignes européennes (*Vitis vinifera*). Un travail acharné de plus de deux décennies. Eurêka. Les variétés « Bouquet » voyaient le jour. Ces variétés européennes avaient incorporé la résistance des espèces américaines et asiatiques. Grande avancée. Pourtant encore insuffisante… Les viticulteurs n'allaient toujours pas pouvoir dormir tranquilles.

Pourquoi ? La faute à un caractère monogénique des variétés « Bouquet ». Vous vous dites que ça devient très compliqué. Rassurez-vous. Concrètement, ces variétés « Bouquet » ne contenaient qu'un seul gène de résistance. Un seul gène permettant de lutter contre le mildiou, idem pour l'oïdium. Or, ces deux agents pathogènes sont très habiles et sont capables de muter rapidement pour pouvoir faire face à ce gène résistant. Il fallait donc aller plus loin et trouver des plantes ayant non pas un mais plusieurs gènes de résistance. L'INRAE décida alors, au début des années 2000, de lancer le programme ResDur, basé sur la technique du « pyramidage des gènes ». Par des croisements successifs de plants de vignes, il permit, après quinze années de travail d'agronomes et de généticiens, d'obtenir des variétés comportant plusieurs gènes de résistance. Le combat était gagné !

En 2018, quatre premières variétés résistantes au mildiou et à l'oïdium ont ainsi été inscrites au catalogue national français. Cette inscription est le sésame, car c'est elle qui permet la commercialisation. Cinq autres variétés ont été inscrites en 2021. Ces cépages portent des noms encore inconnus, mais retenez-les, l'avenir est devant eux : Artaban, Vidoc, Floreal, Voltis, Coliris, Lilaro, Sirano, Selenor et Opalor. Du rouge et du blanc, il y en a pour tous les goûts !

Ceux qui utilisent ces variétés de vigne diminuent significativement l'utilisation de produits chimiques sur leurs parcelles, avec une baisse de 90 % des fongicides (les produits de lutte contre les champignons). Une véritable avancée pour l'environnement et pour nos viticulteurs.

Il aura toutefois fallu quarante-quatre années entre le début des recherches d'Alain Bouquet et la commercialisation des variétés résistantes. Presque deux générations... Le temps de la recherche, particulièrement en agronomie, est long, très long. La faute à la nature ; si vous voulez faire un test dans un champ ou croiser deux plantes l'une avec l'autre, il vous faudra au minimum une année. Alors, quand vous devez répéter encore et encore cette opération, cela peut prendre beaucoup de temps. Alain Bouquet est mort en 2009 et n'a donc pas vu l'aboutissement de son travail…

Merci, le ciseau moléculaire !

La « sélection végétale » vise à obtenir des plantes en croisant deux individus d'une même espèce, mais riches de propriétés différentes (par exemple, l'un à fort rendement, l'autre à forte résistance). Par le brassage génétique, prouesse de la nature, il est possible d'obtenir des plantes combinant les propriétés recherchées. C'est le génie de la reproduction. Le seul « hic » de cette sélection végétale, c'est qu'elle est lente. Le brassage génétique étant aléatoire, on ne sait jamais s'il a réussi. Et pour le savoir, il faut faire pousser les plantes, les observer, les étudier.

Or, c'est précisément de temps que nous manquons. Les outils génétiques vont nous aider.

Nos chercheurs ont trouvé le moyen d'identifier directement le gène d'une plante, de le couper et de venir l'implanter dans une autre plante de la même espèce. Plus besoin de reproduction entre plantes, plus besoin de test en champ. Une nouvelle technique de ciseau moléculaire, très précise et efficace, a été élaborée ces dernières années par la chercheuse française Emmanuelle Charpentier et sa collègue Jennifer Doudna. Ce ciseau porte le nom un peu barbare de CRISPR/Cas9 ! Il permet de couper précisément un gène et de le remplacer par un autre. De la haute couture et un gain de temps énorme. Cette trouvaille a valu à Emmanuelle Charpentier le prix Nobel de chimie en 2020 : Cocorico !

L'ensemble de ces techniques génomiques est regroupé sous le nom de NBT – en anglais, *New Breeding Technologies* ; en français, « Nouvelles techniques de sélection ».

À la lecture de ce terme : « génomique », beaucoup d'entre vous doivent se dire que nous sommes en train de parler d'OGM : les organismes génétiquement modifiés, ceux-là mêmes qui sont interdits de production en France. Soyons précis.

Les OGM sont déjà anciens. La première plante transgénique a été testée en 1983 (il s'agissait de tabac). Surtout, les OGM reposent sur l'introduction chez un individu d'une espèce d'un gène venant d'une autre espèce (par exemple, un gène de maïs chez le blé, ou vice versa). C'est donc un organisme « contre-nature » qui n'aurait jamais vu le jour de manière naturelle (un maïs et un blé ne peuvent se reproduire ensemble).

Les NBT ne sont *pas des organismes, mais des techniques.* Elles peuvent produire des OGM, mais peuvent aussi créer des plantes qui n'en sont pas. Comment ? En travaillant au sein d'une même espèce. On prend le gène d'une plante de blé qui nous intéresse et on l'introduit dans une autre plante de blé. Le résultat est une plante de blé qui, elle, aurait pu apparaître un jour dans la nature, à un moment donné, quelque part. *A posteriori*, on ne peut d'ailleurs déterminer si cette plante de blé est « naturelle » ou « issue d'une technique NBT », puisqu'elle ne contient *in fine* que des gènes de son espèce.

On le voit bien là, le sujet est de savoir ce que nous faisons de ces NBT. C'est une question essentielle ayant conduit l'INRAE à confier à un comité éthique, présidé par le regretté Axel Kahn, la rédaction d'un avis sur les conditions d'utilisation des NBT. Cet avis a été rendu public en 2018. Cela a été un honneur de pouvoir rencontrer Axel Kahn, quelques mois avant sa mort. Nous avions évoqué les NBT. Il y était favorable à condition notamment que ces techniques ne soient utilisées que sur les végétaux et non sur les animaux, mais aussi à des fins précises (il ne saurait être question d'utiliser les NBT pour obtenir des plantes résistant aux produits phytosanitaires, par exemple, puisque l'un des objectifs des NBT est d'accélérer la transition agroécologique).

Aujourd'hui, les plantes issues de NBT ne peuvent être cultivées en Europe, mais la Commission européenne travaille légitimement sur le sujet afin de donner un cadre clair à leur utilisation. Certains y sont très opposés (jusque-là, rien d'anormal), mais on ne peut pas demander à nos agriculteurs d'utiliser moins de produits chimiques, de continuer à produire, de faire face aux défis de la biodiversité et du changement climatique… et, dans le même temps, de se priver de ce que la recherche génomique nous offre comme solution, dès lors que celle-ci est encadrée.

Et si les NBT nous permettaient cette réconciliation des temps, celui de la science et celui de l'impatience ?

Ces chercheurs dont nous attendons tout, tout de suite

Plus de 10 000 agents, 14 départements répartis dans 18 centres, 6 000 publications de rang chaque année, plusieurs centaines de partenaires internationaux, avec un budget dépassant le milliard d'euros : l'INRAE est l'outil majeur de la France pour la recherche dans les domaines, comme son nom l'indique, de l'alimentation, de l'agriculture et de l'environnement.

Depuis juillet 2016, cet Institut national est présidé et dirigé par Philippe Mauguin. Ingénieur général des ponts, des eaux et des forêts, il a passé toute sa vie, déjà longue et très active, au service de la recherche, dans les cabinets ministériels ou dans l'administration.

Ce temps de la recherche est mal compris des politiques comme du public, les uns et les autres tenaillés par l'urgence. De cette attente déçue vient le désamour des scientifiques : « Ils ne sont jamais là quand on a besoin d'eux. » Il est à noter qu'en cas de réponse trop rapide, on peut avoir à lutter contre des réactions de défiance semblable, mais pour des raisons exactement inverses : « Ce vaccin contre la Covid que vous nous proposez, et que vous vous êtes empressés de concocter en moins de six mois, êtes-vous bien sûrs de lui ? En avez-vous bien évalué les risques ? »

Comment s'étonner qu'au royaume de l'irrationnel la contradiction règne ?

Dur de garder ses nerfs quand on a choisi la noble mission de chercheur !

VIII

AU PAYS DE PASTEUR, NE PLUS FAIRE CONFIANCE À LA SCIENCE

Aux familiers de Louis Pasteur, le positionnement de l'INRAE, entre science fondamentale et science appliquée, rappelle bien des choses. Lorsque le tout jeune (trente-deux ans) professeur à Strasbourg est nommé en 1857 doyen de la Faculté des Sciences de Lille, c'est d'abord pour apporter de l'aide aux industriels locaux : les producteurs d'alcool ne comprennent pas les irrégularités de la fermentation. Pasteur va montrer que cette fermentation est dûe à des micro-organismes. C'est le début de son œuvre immense, et la création d'une science nouvelle, la microbiologie.

Plus tard, le même Pasteur sera sommé par le ministre de l'Agriculture de guérir les vers à soie de la pébrine, cette maladie terrible qui les ronge, et ce faisant détruit les entreprises de textile grâce auxquelles était sorti de la grande pauvreté l'ouest de la vallée du Rhône.

Ne vous y trompez pas : nous, Érik (pourtant ambassadeur de l'Institut Pasteur) et Julien (pourtant ingénieur), ne sommes pas de ces illuminés qui croient que la Science et ses filles Technologies résoudront tous nos problèmes. Pour permettre de relever les défis présents, et ceux, bien pires, qui nous attendent, la science n'est rien sans les pratiques agronomiques, leur changement et leur adaptation.

Phyto, no ! Robot, si !

Loin de nous l'idée que la modernité n'est qu'une chanson douce, fidèle et respectueuse amie de la planète et pourvoyeuse d'un bonheur aussi général qu'équitablement réparti. Notre livre raconte le contraire, sans toutefois tomber dans la nostalgie d'un passé réécrit ni oublier que ladite « Nature » est le fruit d'une interaction, ou mieux d'un partenariat, avec notre espèce, pour le pire, c'est souvent vrai, mais aussi pour le meilleur.

Les débats autour de l'innovation agricole sont un nouvel avatar de cette interrogation régulièrement posée sur le couple Terre/Vérité.

« Agriculture » et « innovation », les deux termes ne sont-ils pas antinomiques ? D'un côté, des êtres vivants et des champs ; de l'autre, des informaticiens, des labos, des robots. La Nature, toujours elle, envahie par l'Artificiel ! Vieille querelle, si l'on y songe ! On peut imaginer, il y a huit mille ou dix mille ans, certains chasseurs-cueilleurs vitupérant, déjà, l'époque. Pourquoi ce nouvel âge ? Pourquoi ce néolithique ? Pourquoi donc vous êtes-vous arrêtés dans cette Mésopotamie, entre Tigre et Euphrate ? Et pour vous livrer à ces deux activités aussi vulgaires et dégradantes l'une que l'autre : élever (des bêtes) et semer (des graines) !

L'ignorance est-elle la garantie de l'authenticité ?

Et l'impuissance, le seul chemin de la fidélité ?

Et puisque plus aucun Français n'accepte de se casser le dos pour débarrasser les champs des mauvaises herbes, puisque les travailleurs immigrés, heureusement payés aux salaires de chez nous, sont trop chers pour nous permettre d'exister dans la concurrence internationale, puisque nous souhaitons tous sortir de cette dépendance à la chimie, nous pouvons résumer ainsi la situation, à la manière d'une salsa cubaine :

TRABAJO, NO !
PHYTO, NO !
ROBOT, SI !

Glypho : oui ou non ?

Glyphosate, qui ne connaît ce nom ? Incarnation d'un péril pour notre santé, exemple même de la chimie utilisée par l'agriculture. Mais qui est-il vraiment ? Quelle est son action ?

C'est un désherbant, autrement dit un tueur de « mauvaises herbes ». Quand vous voulez cultiver un champ, mieux vaut éliminer les plantes concurrentes. Vous répandez donc le désherbant, puis, sur le sol vierge, vous semez le blé, le maïs, ou l'orge...

Le glyphosate agresse-t-il l'environnement et la biodiversité ? La réponse est évidemment OUI. Comme de toute molécule chimique, il vaudrait mieux s'en passer. Mais quelles sont les alternatives ? C'est là que la situation se complique... surtout quand on choisit l'agriculture de conservation, que nous vous avons déjà présentée, et qui consiste à ne jamais labourer le sol. Labourer veut dire « travailler le sol » : on le retourne à l'aide d'une charrue, laquelle déracine les « mauvaises herbes » en train de pousser. Mais en agissant ainsi, en prime d'autres dégâts, comme la destruction des vers de terre, vous libérez dans l'atmosphère le carbone que le sol avait emmagasiné. Si vous ne le retournez pas, ces « mauvaises herbes » prolifèrent, empêchant vos cultures de pousser. Alors, vous n'avez plus d'autre solution qu'un peu de… glyphosate.

Contradiction à son paroxysme : que faire ?

L'Europe vient (16 novembre 2023) d'autoriser, pour une nouvelle période de dix années, l'utilisation du glyphosate.

Dix ans : durée, à l'évidence, trop longue quand on cherche à protéger la santé et la biodiversité. Mais surtout, surtout, cette autorisation est sans limite, alors qu'elle ne devrait être que *conditionnelle* : « sitôt qu'une alternative VIABLE sera offerte pour un usage donné, le glyphosate sera interdit. »

La Commission Européenne a enfermé les États dans un choix binaire : oui au glyphosate, non au glyphosate. C'est probablement le refus de ce piège qui a conduit la France à ne pas décider, lors de ce vote, c'est-à-dire à s'abstenir.

Soyons francs, cette décision européenne n'est pas bonne. Outre sa durée, démesurée, cette autorisation va, une nouvelle fois, permettre une compétition déloyale au sein des 27. Certains pays continueront d'utiliser l'herbicide sans limite ni vergogne, tandis que d'autres s'emploieront à le réduire. Nos agricultures en seront les premières pénalisées. Un rendez-vous manqué, d'autant plus que des solutions pourraient arriver plus rapidement que nous ne le pensons.

Des chercheurs proposent des couverts végétaux, mais cela reste compliqué. D'autres essaient de trouver de nouvelles molécules à même de désherber sans agresser la biodiversité (mais c'est presque antinomique...). Certains, enfin, dans leur grande sagesse affirment benoîtement qu'« il n'y a qu'à désherber à la main ». À l'aide d'une armada de binettes. Bon courage ! Mesdames et messieurs les purs esprits, nous vous en prions, binez les premiers !

C'est dans ce contexte que la solution pourrait bien venir des robots. Comme ceux qui passent dans votre jardin pour couper l'herbe automatiquement. Ou ceux qui circulent dans votre maison pour y passer l'aspirateur. Prenons un pari : d'ici quelques années, de tels robots circuleront dans nos champs et viendront nous débarrasser des mauvaises herbes sans avoir besoin ni de désherbant, ni de retourner la terre. Vive les robots, futurs remplaçants du glypho !

Révolution, ou plutôt révolutions !

Le monde agricole français a connu deux grandes révolutions.

La première, après la Seconde Guerre mondiale, avec l'arrivée du tracteur. En seulement quelques années, grâce notamment à l'appui du Plan Marshall (la vaste aide américaine), des dizaines de milliers de ces engins débarquent en France (le fameux Massey-Harris), avant d'y être fabriqués. La traction animale est définitivement remplacée par la mécanique, les gains de productivité sont gigantesques. C'est à cette révolution que j'ai (Érik) assisté, en première ligne, grâce à ma famille de Bretagne, les Esun, qui vendaient, et donc réparaient, des machines agricoles dans la bonne ville de Quimper, venelle de Kergoz. Oh les souvenirs emerveillés du petit Parisien invité à grimper avec mon cousin Patrick sur la haute passerelle d'une moissonneuse batteuse (Claas). Oh le miracle, un peu terrifiant, du champ doré peu à peu avalé par la grosse bête et ce grain qui derrière nous coulait dans la benne tirée par le tracteur.

La deuxième révolution s'est développée dans les années 1970 avec l'agrochimie. Par l'intervention de molécules aussi mystérieuses que miraculeuses, on a soudain pu protéger les cultures contre toutes formes de maladies : fongicides contre les champignons, insecticides contre les insectes, herbicides contre les mauvaises herbes... Efficacité garantie, mais désastre pour notre biodiversité. Il fallait produire en quantité, conformément à la mission que nous avions collégialement assignée à nos agriculteurs.

Aujourd'hui, la société a complété sa demande : « Produire, bien sûr, mais en protégeant l'environnement. » Seule une troisième révolution permettra d'y parvenir.

Cette troisième révolution a débuté. C'est celle du vivant allié à la science. Elle est fondée à la fois sur la robotique, la génétique, le biocontrôle et le numérique. Bienvenue dans l'avenir.

Des robots de science-fiction

Ted, Dino, Jo, Oz, Orio, ces noms ne vous disent rien, et pourtant ce sont les futurs grands acteurs de l'agronomie française. Des robots 100 % électriques, comme ceux de l'entreprise française Naïo Technologies, créée en 2011. Ils délivrent les agriculteurs et viticulteurs de leurs tâches quotidiennes, notamment le désherbage. Imaginez un peu leur précision, guidés par GPS au centimètre. Ils tournent autour d'un pied de vigne sans l'abîmer, ils arrachent les mauvaises herbes entre des plants de légumes. Plusieurs centaines de robots sont aujourd'hui déployés à travers le monde, et ce n'est qu'un début : la robotique au service de l'environnement, plus besoin d'herbicides. Faut-il encore croire en la technique et accepter que nos champs voient ces petits engins s'y promener !

Vive les nouvelles semences !

Notre voyage dans la modernité se poursuit au laboratoire génétique de Limagrain, à Chappes près de Clermont-Ferrand. Il y a une quarantaine d'années, cette coopérative a ouvert un centre de recherches en biotechnologie des végétaux. Elle est aujourd'hui l'un des premiers semenciers au monde, offrant des plants de blé, d'orge, de maïs, de colza ou de plantes potagères (tomate, carotte, melon, haricot vert, chou-fleur…) plus adaptés au changement climatique, utilisant moins de pesticides et plus résistants aux maladies. Plus de 400 nouvelles variétés y sont créées chaque année !

Stimulons la nature

On connaît les UV, qui nous font bronzer, mais saviez-vous que ces mêmes rayons permettent aux plantes de se protéger contre les champignons ? Deux chercheurs de l'université d'Avignon ont montré qu'en « flashant » des vignes ou des fraisiers, on déclenchait chez eux un mécanisme de défense interne contre les pathogènes, et notamment les champignons ! Résultat : moins de fongicides à déployer sur les cultures. Magie de la nature, qu'il faut savoir stimuler ! Cette entreprise, UV Boost, développe son savoir-faire depuis Saint-Nom-la-Bretèche, dans les Yvelines.

Ravageons les ravageurs

La pyrale est le nom d'un papillon nocturne, de couleur ocre. Avec ce nom, on se dit qu'il doit cacher quelque méfait... Effectivement, c'est l'un des plus grands ravageurs de nos cultures de maïs, mais il peut aussi attaquer les pommes de terre, les tournesols, ou encore le houblon et le chanvre. Plus exactement, ce sont les chenilles qui attaquent : pour devenir papillons, elles se nourrissent des plantes qu'elles colonisent.

Contre ce fléau, la société Bioline a développé la technique du « biocontrôle », c'est-à-dire qu'elle a trouvé le prédateur capable de nous débarrasser de ces chenilles. Les trichogrammes sont des micro-guêpes (moins d'un demi-millimètre), qui adorent les œufs de ces papillons. Bioline élève ces trichogrammes (totalement inoffensifs pour l'Homme), les place dans des capsules que les agriculteurs n'ont plus qu'à déposer dans leur champ. Adieu la pyrale du maïs. Le biocontrôle, un monde dans lequel la nature protège la nature !

Repérons nos ennemis

Prenez deux anciens ingénieurs de chez Airbus, laissez-les développer des drones qui survolent des parcelles de vignes, ajoutez-y une dose d'intelligence artificielle qui permet de lire les photographies et vous comprendrez pourquoi cette entreprise, créée en 2015, a choisi le nom de CHOUETTE. Grâce à elle, les viticulteurs peuvent détecter les premières apparitions de certaines maladies comme le tant redouté mildiou et appliquer un traitement localisé (au pied de vigne près), préservant ainsi l'environnement tout en augmentant l'efficacité. Le numérique peut aussi être l'allié de la nature !

Mobilisons nos amis : vive les champignons !

L'idée de base de Mycophyto est simple. Dans le sol, repérer les « bons » champignons, ceux qui vont bien s'entendre avec telle ou telle racine. Une fois identifiés, on les multiplie sous serre, avant de les enfouir au plus près des racines de la plante dont le développement nous intéresse.

Au fond, Mycophyto est un centre de rencontres, le Meetic de la botanique et de l'agronomie. Riche de toutes les données accumulées sur des partenaires éventuels, elle détermine les affinités possibles et organise les présentations. Pour le plus grand bonheur de tous : l'épanouissement des plantes qui, mieux nourries, grandissent plus vite et plus harmonieusement ; et le soulagement du sol, qui vit par lui-même.

La ferme digitale

Le Salon de l'Agriculture est une institution française. Nous avons tous de près ou de loin des attaches avec la terre, le terroir, ces paysages qui ont fait de nous ce que nous sommes. Au Salon de l'Agriculture, nous nous sentons chez nous, parce qu'il parle de nous.

Allez donc faire un tour de bon matin sur le côté du Hall 1, à la salle de traite installée pour l'occasion. Les éleveurs sont fiers de vous présenter leurs vaches sélectionnées. Voulez-vous un verre de lait ? Il est tout frais !

Le « Salon », comme on dit chez les initiés, est la plus grande ferme d'Europe.

Elle nous réserve de belles rencontres, mais aussi des surprises. N'omettez surtout pas de vous rendre au Hall 4. Vous y trouverez une ferme particulière, la ferme digitale. Une association créée en 2016 et qui fédère désormais plus d'une centaine d'entreprises. Quand nous vous disions qu'aucun secteur n'est plus innovant que l'agriculture. Venez voir par vous-même !

Et vous ne serez pas étonné d'apprendre que l'un de vos auteurs (Érik) est, malgré son grand âge, président d'une association qui regroupe les… Amis de la ferme digitale.

L’hybridation des compétences

Nos publicitaires adorent les agriculteurs d’antan. Quoi de mieux que d’apposer sur un pot de yaourt une fermière aux joues roses avec sa louche en l’appelant « La Laitière ». Quoi de plus plaisant que cette paysanne avec sa coiffe sur un paquet de galettes bretonnes. Qu’il semble heureux, cet éleveur au milieu de ses vaches dans une vieille étable sur cette barquette de viande. Autant d’images d’Épinal censées « faire vendre ». Nostalgie d’une agriculture ancienne dans laquelle on aime à se retrouver, empreinte d’un mélange flou d’affection et de mépris.

Le monde agricole n’a plus rien à voir avec celui de nos grands-parents. Les agriculteurs sont aujourd’hui modernes, le plus souvent à la pointe des technologies. Oui, contrairement aux images passéistes, les agriculteurs aiment la technologie.

Connectez-vous sur les comptes Twitter de nos amis de FranceAgriTwittos, par exemple, vous verrez leur quotidien et ce dont ils sont capables.

Les agriculteurs français sont les mieux diplômés d'Europe, leur niveau de formation initiale n'a cessé de croître depuis trente-cinq ans.

En 2015, alors que tout le monde se préoccupait d'avenir (quelles seraient les conséquences de la « révolution numérique » ? Combien de temps notre planète supporterait-elle notre « croissance » débridée ?), une très jeune philosophe, Gabrielle Halpern, décida de revenir en arrière et se passionna pour un personnage de la mythologie grecque, cheval pour le bas, humain pour le haut, le fameux centaure. De ces recherches fut tirée une thèse de doctorat, parmi les plus fertiles. En effet, le centaure incarne, au-delà d'une réconciliation entre l'Homme et l'animal, leur hybridation. Le rappel, ô combien salutaire, que nous, humains, quelle que soit notre arrogance, appartenons au règne animal.

Dans des pages lumineuses, Gabrielle Halpern distingue les trois étapes des relations de notre espèce avec la Nature.

Durant des millénaires, l'être humain essaie de trouver sa place parmi le vivant. Peu à peu, il devient sujet, commence à distinguer les causes et les conséquences.

Mais, deuxième étape, il arrive un moment, vers le milieu du XVIIe siècle, où il se croit, où il se veut le cœur, le centre de l'univers. Son ambition est claire, exprimée en deux mots par Descartes (1596-1650) : devenir « maîtres et possesseurs » de la Terre et la débarrasser de toute imprévisibilité.

Cette volonté de toute-puissance va durer près de quatre siècles, jusqu'à ce que divers dérèglements majeurs, dont les folies du climat, nous obligent à réfléchir.

L'histoire de ces drôles de bêtes que sont les centaures est tumultueuse. La sensualité de certains d'entre eux étant volontiers débridée, ils affrontent souvent les maris jaloux peu enclins à céder leurs femmes, ne serait-ce que pour un bref mais vertigineux émoi. Ainsi, lors du mariage du roi Pirithoos, les centaures invités, ayant trop abusé de boissons alcoolisées, tentent de violer la mariée. Conduite inqualifiable, vous en conviendrez.

Et pourtant, le centaure le plus connu est Chiron, réputé pour sa rare sagesse, et pour cette raison chargé de former les jeunes héros.

Quel pédagogue plus averti des choses de la vie qu'un hybride ?

Si, au sens strict et scientifique, l'hybridation est un terme de biologie qui désigne le croisement de deux espèces, on peut facilement l'employer pour décrire toutes sortes de manières d'être.

Sans que nous nous en rendions bien compte, notre monde s'hybride à grande vitesse. Nos téléphones sont aussi réveils, bibliothèques, appareils photo, applications. La RSE (responsabilité sociale et environnementale), nouvelle économie, impose à des logiques uniquement financières les impérieuses préoccupations sociales et environnementales. L'agriculture elle-même s'hybride : préservation de la biodiversité, lutte contre le changement climatique, régénération des ressources, production d'énergie, nouvelles activités de services… En un mot, l'hybridation gagne chaque jour du terrain.

« Tout doit changer pour que rien ne change ! » Plus que jamais résonne à nos oreilles la conviction du jeune Tancrède (joué par Alain Delon) dans *Le Guépard*.

Mais peut être encore plus les mots de René Dumont, illustre « agronome de la faim » dans son ouvrage *L'Utopie ou la Mort* : « Qu'est-ce que l'utopie en somme ? L'utopie, c'est une solution qui n'est pas acceptable actuellement parce qu'elle n'est pas acceptée par l'opinion publique courante, donc elle n'est pas réalisable. Cependant, j'estime qu'en l'état actuel, les gens qui sont raisonnables mais qui ne sont pas utopistes nous mènent à la catastrophe. »

IX

LA PAILLE ET LA POUTRE

« Pourquoi vois-tu la paille qui est dans l'œil de ton frère, et n'aperçois-tu pas la poutre qui est dans ton œil ? (...) Hypocrite, ôte premièrement la poutre de ton œil, et alors tu verras (...) Comment ôter la paille qui est dans l'œil de ton frère. »

Évangile selon Saint Luc

Jours et nuits et sans vacances

« Vous savez, moi, la réunion parents/profs, j'aimerais tellement pouvoir y aller, mais impossible… c'est l'heure de traire les vaches. » Paroles de paysan.

La salle de traite est le lieu hautement stratégique de toute exploitation laitière. C'est là où, de bon matin et tard le soir, le fermier et ses vaches se retrouvent. S'y diffuse un parfum si particulier, la douce odeur du lait frais mêlée aux relents du fumier. Les regards se croisent : l'impatience des vaches désireuses de se libérer, de s'en remettre aux mains du fermier ; et la vigilance du fermier : mammite, fourbures, aucune maladie ? Le fermier et ses vaches communient dans ce rituel quotidien.

Ce sont les vaches et leurs besoins qui guident le calendrier, rien d'autre. Qu'il vente, qu'il grêle, qu'on soit dimanche ou férié… la traite ne sera jamais retardée.

Fort heureusement, la technologie a cherché des solutions et développé des « robots de traite ».

À n'importe quel moment de la journée, la vache entre dans la salle ; une fois en position, un bras automatique vient laver la mamelle puis collecte le lait. Cette innovation, ô combien utile, se répand à grande vitesse : aujourd'hui, près de 10 % des fermes en sont équipées. Tous les éleveurs ne désirent pas installer de tels robots, pourtant libérateurs. Savez-vous pourquoi ? Ils trouvent que cette modernité « dénature » la relation avec les bêtes.

Ces dernières années, nous nous sommes tous les deux souvent rendus dans ces fermes laitières. Partout nous y avons été accueillis avec hospitalité et partout avec inquiétudes… Nous y avons rencontré des femmes et des hommes passionnés. C'est cette passion, et elle seule, qui les fait tenir, c'est elle qui leur donne le courage de se lever tous les jours pour s'occuper de leurs bêtes. Amis lecteurs, demain matin, devant votre bol de lait, posez-vous cette simple question : « Est-ce que j'accepterais, moi, ce métier si prenant et pourtant si faiblement rémunéré ? »

Entre 2010 et 2020, le revenu moyen des agriculteurs laitiers était de 25 100 euros par an… pour 70 heures de travail par semaine. On comptait 48 000 exploitations laitières en France il y a dix ans. Il n'en reste plus que 35 000.

À quoi ressemblera l'avenir alors qu'un agriculteur sur deux prendra sa retraite dans les cinq à sept prochaines années ? Cela en fait, du monde à remplacer ! Par qui ?

La paille et la poutre

Toutes les sociétés reposent sur quelques évidences. Chez nous en font partie le lait du matin et les vaches dans nos champs. Elles animent nos paysages. D'ailleurs, écoutez leurs noms, presque toujours une origine géographique : on parle de vaches normandes, montbéliardes, salers, aubrac, limousines, blondes d'Aquitaine, gasconnes, bretonnes Pie Noire, vosgiennes.

La parole d'Heol

Le 28 août 2020, comme chaque matin, Guillaume Divanac'h, vingt-six ans, fils de Jean-Alain, se rend sur l'exploitation familiale. De nombreux Français continuent leurs vacances sur les plages de France. Lui, il est là, fidèle au poste, en habit de travail. L'exploitation où est salarié Guillaume se situe à Plonevez-Porzay, dans le Finistère. Une terre bretonne de tradition agricole.

Le soleil est en train de se lever et, dans la pénombre matinale, Guillaume sent quelque chose d'anormal. Ses animaux sont excités, stressés, le regard inquiet.

Il fait le tour de la ferme pour trouver la raison de cette fièvre. Sur l'un des silos sont inscrits les mots suivants :

Élevage = Nazisme,
Auschwitz n'a jamais fermé

Sidération. Des individus sont entrés chez lui pour y inscrire ces propos abjects. Guillaume et son père comparés à des nazis... leur activité comparée à l'Holocauste... Mais comment peut-on en arriver là ? Pourquoi une telle haine sur cette terre bretonne ?

« J'ai grandi dans cette ferme, je suis de la quatrième génération. Passionné par mon métier, j'aime mes animaux. C'est l'investissement d'une vie. Je ne comprends pas. En découvrant ces tags, j'ai pleuré », témoignera Guillaume sur la chaîne de télévision locale.

La ferme, avec 135 truies, commercialise des produits sous Label Rouge et le lait de 60 vaches Prim Holstein. Pour alimenter tous ces animaux, la famille exploite 150 hectares de terres.

Guillaume et son père ont appelé la gendarmerie. Puis ils ont lavé et relavé le silo. Mais cette inscription était tenace. Alors, Guillaume décida de réagir de la plus noble des manières. « J'ai cherché une forme d'appel à la bienveillance, je voulais montrer que ces individus se trompaient. » C'est ainsi qu'il sollicita un artiste au doux nom de Heol (soleil en breton). Heol se mit au travail. Il recouvrit le mur du silo d'une fresque colorée, magnifique et pleine de symboles : elle représente des mains ouvertes, tendues vers l'autre, témoin d'une forme d'abnégation ou en tout cas de don, des mains de paysans avec cette inscription : « Nourrir notre humanité. » Une fresque peinte pour être vue de loin.

« On ne crache pas sur la main qui vous nourrit. On peut ne pas être d'accord sur tout, mais ce type d'injures ferme le débat. Tant qu'on ne côtoie pas les gens, les agriculteurs, on ne sait pas ce qu'ils font. Il faut aller à la rencontre des gens. »

Paroles d'Heol.

Critiquer sans comparer

Amis lecteurs, avez-vous vu ce film magnifique, *Au nom de la Terre* ? Guillaume Canet y joue le rôle d'un agriculteur qui, passionné par son métier mais miné par les dettes, finit par mettre fin à ses jours en ingurgitant un bidon de pesticides. Ce film, réalisé par Édouard Bergeon, raconte sa propre histoire, celle de sa famille, de sa ferme, et de son père, Christian, qui se suicida en 1999 alors qu'Édouard n'avait que dix-sept ans.

Tous ceux qui connaissent Édouard Bergeon sont impressionnés par sa force de caractère, ses combats, sa capacité de jugement. La dureté de la vie aurait pu le conduire à se refermer sur lui-même. Il a pris le chemin inverse en s'ouvrant aux autres – notamment par l'intermédiaire de ses films. Il aurait surtout pu détester du plus profond de son être l'agriculture. Bien au contraire, il cherche aujourd'hui à agir en sa faveur, à l'améliorer, à la pousser dans ses retranchements, sans jamais la caricaturer ou la vilipender. Si vous voulez en apprendre plus sur la vie paysanne d'aujourd'hui, n'hésitez pas à regarder sa plateforme de vidéo *Aunomdelaterre.tv*. Une mine d'informations très enrichissantes.

À la veille du Salon de l'Agriculture 2023, Édouard Bergeon était l'invité de l'émission de télévision *C à Vous*. Dans les heures qui ont suivi, les réseaux sociaux se sont déchaînés : « C'est dingue de fermer les yeux à ce point ! », puis des messages, des insultes par centaines. Édouard avait eu le malheur de déclarer : « Il n'y a pas de ferme-usine en France. On a des fermes familiales, on n'est pas en Hollande. On a l'agriculture la plus durable du monde et à côté de ça, on va importer des aliments qui ne respectent même pas nos normes ! »

Fermer les yeux ! Édouard Bergeon ! Critique quelque peu déplacée... S'il y a une personne qui n'a jamais fermé les yeux, qui connaît la réalité intimement, qui y a été confrontée dans ce qu'elle a de plus beau, mais surtout de plus terrible, c'est bien lui.

Parmi les messages de soutien (car il y en a eu, aussi), certains méritent d'être relus, car ils posaient bien le débat.

« Les élevages de volaille français sont jusqu'à cinquante fois plus petits que les fermes-usines étrangères, une exploitation française standard, c'est en moyenne 40 000 volailles sur deux poulaillers. Au Brésil, en Ukraine, en Thaïlande, en Europe de l'Est, c'est jusqu'à 2 millions de volailles... »

« On peut toujours faire mieux. Comme d'habitude, on casse ce qu'on fait, qui est souvent plus vertueux qu'ailleurs, et une fois que cela aura disparu… On fera pire… »

Pompier pyromane

Et pendant ce temps-là : âmes sensibles, s'abstenir.

Nous sommes aux États-Unis, dans l'État du Texas. La South Fork Dairy Farm, une ferme laitière dite « familiale », compte 18 000 vaches (oui, vous avez bien lu, 18 000 !). Le jeudi 13 avril 2023, une petite explosion anodine est vite suivie de flammes qui se propagent à une vitesse phénoménale. La faute à la forte concentration en méthane dans ce bâtiment fermé où se trouvent ces milliers de vaches. Un méthane qui, comme on le sait, est très fortement inflammable, transformant le bâtiment en bonbonne de gaz géante. Impossible d'arrêter le feu. Une épaisse fumée noire monte très haut dans le ciel, accompagnée des beuglements insoutenables des vaches qui brûlent vives, emprisonnées. Les vidéos sont effrayantes. Les 18 000 vaches ont péri.

Élevage intensif ? À l'évidence. Mais qui osera comparer avec la situation française ? La taille moyenne de nos exploitations laitières est de 66 vaches… Deux cent soixante-douze fois moins que la South Fork Dairy, qui n'est pas la plus grande ! On en trouve aux États-Unis qui concentrent 40 000 vaches ! Record battu en Arabie saoudite, avec, tenez-vous bien, 93 000 bêtes.

Si l'on a vu naître chez nous, il y a quelques années, un projet à 1 000 vaches, il n'a jamais abouti (s'arrêtant à 800, ce qui est déjà énorme). Sur la même période triplait le nombre de fermes américaines comptant plus de 1 000 têtes.

Le ciel pour seule limite

Avez-vous eu vent de Guifei ? Sachez que cette très charmante jeune femme vécut au VIIIe siècle (719-756). Une beauté fatale pour laquelle, dit-on, moururent bien des hommes dans l'Empire du Milieu.

N'ayant peur de rien, c'est le nom choisi par la société Yangxiang pour son activité frénétique : *Guifei Mountain Sow Farm.* Non loin de la petite localité de Guigang (8 millions d'habitants), dans le sud de la Chine, province de Guangxi.

Reporter consciencieux enquêtant (deux ans) sur le cochon dans le monde, je (Érik) m'apprêtais à la visite, toutes les autorisations en poche, lorsque la pandémie de Covid m'interdit le déplacement. Je dus me rabattre sur les récits. Selon les voyageurs dignes de foi, Guifei est une véritable ville tout entière dédiée à l'élevage. Des bâtiments de 12 étages permettaient de « produire » plus de 13 000 porcs par semaine.

Petits joueurs ! La modernité ne s'est pas arrêtée en si bon chemin.

Au centre du pays, vers Ezhou pour ceux qui connaissent, un immeuble de 26 niveaux vient de voir le jour. 25 000 porcs à chaque étage. 650 000 vendus chaque année. Production de nourriture et d'énergie intégrée. Hygiène (officiellement) garantie.

Jusqu'à une date récente, les élevages étaient dans ce pays plutôt familiaux. Sans aucun contrôle sanitaire. Le fléau de la peste porcine a changé la donne. Comme toujours, l'administration chinoise a pris les choses en main. Sans délai ni timidité.

Alors, stop ou encore ?

J'adore (Érik) Landunvez, où vivent des gens que j'aime. Une très charmante petite localité de l'extrême grand Ouest breton (1 487 habitants au dernier recensement). Mais on dirait que le sort s'acharne sur ce territoire jusqu'alors béni des dieux, sa côte sauvage, ses anses secrètes, ses grèves de sable blanc et doux, sa chapelle de Saint-Samson, sa fontaine, son mini-fleuve Jarret.

Le sort, ou plutôt les folies de la modernité.

Déjà, le 16 mars 1974, le naufrage du super-tanker *Amoco Cadiz*, échoué sur les roches voisines de Portsall, avait déversé sur ce paradis 220 000 tonnes de pétrole brut. Mais le péril n'allait pas venir que de la mer.

Auteur d'une très longue enquête sur le cochon, ayant vécu dans cette Bretagne chérie le quart de ma déjà longue vie, je sais mieux que personne ce que cette région doit à l'élevage, dont je respecte les acteurs.

Alors, pourquoi pas une porcherie pour continuer le développement local et alimenter la population ?

Mais pourquoi, pourquoi n'avoir cessé de l'agrandir, ici, à Landunvez, au mépris du bon sens, dans ce milieu ô combien fragile ?

27 000 porcs « produits » chaque année, à moins de 300 mètres du bourg ! À 400 mètres des plages ! Par une société qui ne craint pas de s'être baptisée Avel Mor, « Vent de la mer », en dépit des effluves qu'elle dégage.

Ne serait-il pas temps de décider d'arrêter ? Arrêter non d'élever, mais de toujours et encore agrandir les exploitations de porcs et de volailles dans cette péninsule de Bretagne qui ne peut plus en supporter davantage ? Je sais bien que Julien n'est pas aussi catégorique. Je sais bien que ce cas particulier n'est pas généralité. Mais, comme nous vous l'avons déjà dit, l'amitié se nourrit de divergences.

Durable, vous avez dit durable ?

Selon un rapport de décembre 2023 de l'Organisation des Nations unies pour l'alimentation et l'agriculture (FAO), l'élevage représente 12 % des émissions de gaz à effet de serre chaque année sur Terre. Eh oui, nos vaches, nos ovins et nos caprins émettent un gaz avec un haut pouvoir de réchauffement climatique : le méthane, dont le pouvoir de réchauffement est bien supérieur à celui du carbone ! La faute à ce métabolisme qu'on appelle la rumination, et qui permet à ces animaux de manger de l'herbe et de l'assimiler grâce à leurs quatre estomacs, dont chacun a une fonction bien déterminée permettant de traiter les fibres de cellulose. Mais ce métabolisme a une conséquence majeure : les vaches rotent énormément (beaucoup plus qu'elles ne pètent, d'ailleurs). C'est alors qu'elles dégagent du méthane. Concrètement, cela veut dire qu'une vache émet environ chaque année l'équivalent en CO_2 de plusieurs milliers de kilomètres en voiture (selon les modèles de voiture, cela peut représenter plus de

4 000 kilomètres par an, soit plusieurs allers-retours Paris-Marseille). Étant donné qu'en France nous avons plus de 18 millions de bovins, calculez...

Beaucoup de chercheurs s'activent pour essayer de trouver les moyens de réduire ces émissions de méthane. Par exemple en modifiant l'alimentation de ces animaux avec plus de fibres de lin, mieux assimilées. Ou en proposant des sortes de masques destinés à capter les rots des vaches, mais imaginons-nous vraiment doter chaque bête d'un tel masque ?

Aucune solution de grande échelle n'a encore été trouvée. Face au désastre du changement climatique, il n'y a pas d'autre choix que de réduire notre consommation de viande. Manger moins de viande, mais en manger mieux.

Selon les derniers chiffres de la FAO, la consommation mondiale de viande a été multipliée par cinq depuis 1960, et devrait continuer à croître encore de 20 % d'ici à 2050. Rien d'étonnant, compte tenu de l'accroissement démographique.

Nous, Français, sommes-nous de gros mangeurs de viande ? Juste dans la moyenne européenne (81 kilos), avec environ 85 kilos, loin derrière les États-Unis (plus de 120 kilos), l'Argentine (110 kilos), l'Espagne (100 kilos), le Portugal (94 kilos), ou encore l'Allemagne (88 kilos), mais très loin devant la Chine (60 kilos, en forte progression) et l'Inde (4 kilos).

Diminuons-nous notre consommation ? Très légèrement par rapport au début des années 2000.

Certainement pas à la hauteur du défi climatique ; on note même une augmentation en 2021 et 2022.

Pour favoriser la baisse, devons-nous fermer nos élevages ? Fausse bonne idée. La preuve en chiffres : depuis 2016, la production française de viande bovine a diminué de presque 5 % alors que le volume consommé a augmenté de 1 %... la faute à l'importation. Aujourd'hui, nous importons près de 30 % de la viande que nous consommons (plus de 20 % pour la viande bovine, 50 % pour la viande ovine et plus de 45 % pour le poulet !). Une aberration.

La réponse du Massif central

Le Cantal ! Terre si peu connue et pourtant si attachante. Un département très rural, aux paysages qui semblent inhabités. Une préfecture, Aurillac, qui fait souvent la une des informations météorologiques (c'est l'une des villes les plus froides de France). Mais un département qui a tout de même donné à la France deux présidents de la République : Paul Doumer et Georges Pompidou ! S'il est plus connu pour son fromage que pour ses vaches, ce territoire est pourtant le berceau de la race Salers. En 2023, le Salon de l'Agriculture ne s'est pas trompé en prenant l'une d'elle comme égérie, la sublime Ovalie. Elle est reconnaissable à sa robe unie de couleur acajou, mais aussi à ses poils longs et frisés. C'est une montagnarde robuste aux cornes élancées en forme de lyre.

Bruno Dufayet élève des Salers à Mauriac, bourgade de 3 000 habitants aux maisons en pierre grise. Sa ferme se situe près de la ville, à moins d'un kilomètre du centre. Bruno, c'est la cinquième génération. Il vit à proximité de la maison de ses grands-parents (aujourd'hui décédés) et de ses parents (aujourd'hui retraités). Fait marquant de la ville de Mauriac, la surface agricole (70 % de la commune) est aujourd'hui la même qu'en 1990. En plus de trente ans, la ville n'aura pas réussi à prendre le pas sur l'activité agricole. Cela en dit long sur le Cantal. Bruno a été pendant plusieurs années président de la Fédération nationale bovine. C'est un homme de très grandes convictions, engagé et courageux, n'hésitant jamais à prendre des décisions, même impopulaires dans son secteur.

En ce mois d'avril 2023, c'est Abel, fils de Bruno, qui nous accueille, du haut de ses quatre ans. Les vaches Salers, lui aussi les connaît par cœur. Même les plus grosses ne lui font plus peur. Il commence à les appeler par leur prénom. Tout est histoire de prénom… surtout en terre d'élevage.

Abel, fils d'Adam et Ève, fut assassiné par son frère Caïn. Premier meurtre parmi les hommes. Abel était éleveur, Caïn cultivateur. Abel s'occupait des animaux et était nomade. Caïn faisait pousser des végétaux et était sédentaire. Lorsque Abel et Caïn présentèrent leurs offrandes à Dieu, seules celles d'Abel furent acceptées. Caïn, par jalousie, tua son frère. Quel sens donner à cet épisode de la Genèse ? Le passage, toujours difficile, de la vie nomade à l'existence sédentaire… Le petit Abel deviendra peut-être à son tour éleveur de salers, sixième génération dans le Cantal.

« Mais elle est où, ma place ? », telle est la question des éleveurs relayée par Bruno alors que nous visitons sa ferme. « Pour les gens, il est évident qu'il y aura toujours des vaches à la campagne. Pour moi, plus rien n'est évident. La meilleure des choses à faire, c'est de définir ce qu'est un élevage durable. Une fois qu'on sera d'accord sur la définition, alors on pourra procéder à la réconciliation. »

Qu'est-ce qu'un élevage durable ? À l'évidence, celui de Bruno. Cinquante-cinq vaches salers, 66 hectares de prairies, dont les deux tiers sont des pâtures et le dernier tiers sert à récolter du foin pour passer l'hiver. Des haies partout, une biodiversité qui s'entend et se voit, des sols fertiles qui ne demandent qu'une chose : vivre en harmonie avec ces vaches qui leur apportent la matière organique dont ils ont besoin. Une eau qui arrive à pénétrer facilement et une terre qui respire. Les couleurs ne trompent pas, cet écosystème est durable. Et à la fin, une viande de qualité.

La viande est vendue au Carrefour Market de Mauriac, dont le gérant a toujours refusé de s'intégrer aux politiques d'achat nationales du groupe. Il a tenu bon et aujourd'hui ne s'approvisionne que localement, notamment chez Bruno. Il a mis en place des contrats d'achat de long terme, donnant aux agriculteurs cette possibilité de produire avec l'assurance d'un bon prix tant que la qualité suit. Un cercle vertueux. Si tous les distributeurs pouvaient en faire autant…

Selon Larousse, « durable » signifie « celui qui fait face aux défis de notre temps ». Selon Bruno, un « élevage durable » est celui qui fait le choix de « l'autonomie et de l'herbe ».

L'autonomie ? C'est la capacité des élevages à produire eux-mêmes une grande partie des aliments nécessaires aux animaux. S'il est aberrant d'importer autant de viande venant des quatre coins de la planète, il est tout aussi déraisonnable d'acheter au loin autant d'aliments servant à nourrir nos propres animaux d'élevage. La réalité est que de nombreux élevages français sont déjà en partie autonomes, grâce à un modèle très français, qui explique d'ailleurs pourquoi il y a tant de cultures de maïs dans notre pays, cultures pourtant décriées, servant à nourrir nos cochons et nos volailles. Tous les pays n'ont pas fait ce choix. Sur le port d'Odessa, cet immense bateau que nous avions vu partir était rempli de maïs à destination de porcheries espagnoles.

Pourquoi l'herbe ? Parce que les pâtures, ces champs où l'herbe pousse et les vaches viennent se sustenter, sont de véritables puits de carbone. Elles produisent de la matière organique qui capte du carbone, lequel, en se dégradant dans le sol, s'y enfouit durablement.

À refuser la mort, on refuse la vie

Notre rapport aux animaux est un sujet épineux, de ceux qui divisent, et de plus en plus. Il faut dire que notre héritage est complexe. En France, au cours des siècles passés, le christianisme, en dépit de quelques figures comme saint François d'Assise, a toujours proclamé l'Homme comme plus que supérieur, d'une autre nature. À l'inverse, certains philosophes leur ont donné une place plus juste, ainsi Rousseau, dans son *Discours sur l'origine des fondements de l'inégalité parmi les hommes* : « [...] nous ressemblant par la sensibilité dont ils sont doués, on jugera que les animaux doivent participer au droit naturel, et que l'Homme est assujetti envers eux à quelque espèce de devoirs. Il semble, en effet, que si je suis obligé de ne faire aucun mal à mon semblable, c'est moins parce qu'il est un être raisonnable que parce qu'il est un être sensible ; qualité qui, étant commune à la bête et à l'Homme, doit au moins donner à l'une le droit de n'être point maltraitée inutilement par l'autre. »

Est-il dès lors « inutile », pour reprendre le terme de Rousseau, de tuer chaque année plus d'un milliard d'animaux d'élevage en France ? Et bien plus à l'échelle mondiale… De nos jours, nombreux sont ceux qui s'élèvent contre le principe même de l'abattage d'animaux, employant des méthodes de plus en plus illégales et des termes de plus en plus violents, comme nous l'avons vu.

Ils oublient que l'Homme est omnivore. Qu'il appartient à une chaîne alimentaire où, par nature, on mange des protéines animales. Cela ne veut pas dire qu'il ne peut pas s'en passer, le régime alimentaire végétarien le prouve, ni même qu'il ne doit en réduire la consommation. Si la période n'aime rien tant que remettre sans cesse en question les identités, peut-être devrions-nous assumer ce que nous sommes. Cela ne nous décharge pas du devoir de prendre soin des animaux d'élevage, bien au contraire, et tous ceux qui ne respectent pas les règles doivent être sévèrement punis.

Alors, que penser de cette solution miracle, chimie aidant ? Produire une cuisse de poulet sans poulet, un gigot d'agneau sans agneau, un steak de veau sans veau. Telle est LA question. Une telle trouvaille aurait au moins le mérite de mettre tout le monde d'accord : les mangeurs de viande et les anti-viande. Une Grande Réconciliation Alimentaire !

Entendons-nous bien. Il ne s'agit pas ici de la viande dite « végétale », c'est-à-dire ces steaks, burgers ou brochettes faits à base de végétaux. Non, nous parlons de viande « animale » mais faite... sans animal ! C'est-à-dire de la viande « cellulaire ».

On la dit « prête ». Des premiers nuggets de poulet cellulaires ont été commercialisés en décembre 2020 par la société américaine Eat Just dans un restaurant de Singapour et ont fait la une des journaux à travers le monde. Les États-Unis ont autorisé leur commercialisation en juin 2023.

Le premier à avoir évoqué cette question de la viande cellulaire fut Winston Churchill, dès 1931 : « Nous échapperons à l'absurdité d'élever un poulet entier pour manger la poitrine ou l'aile, en cultivant ces parties séparément sous un milieu approprié. »

Depuis lors, de nombreux chercheurs et entreprises, notamment aux États-Unis, aux Pays-Bas et en Israël, se sont lancés à la conquête de cette viande de synthèse, tout droit sortie d'un film de science-fiction. Comment ne pas penser à *Soleil vert*, ce chef-d'œuvre de 1973 d'une effroyable actualité : New York, 2022, les ressources naturelles ont été épuisées par l'humanité : eau, faune, flore... température jamais au-dessous de 30 °C, air irrespirable. Les humains n'ont plus accès aux aliments naturels, tant ils sont rares et chers. Alors ils se tournent vers des aliments de synthèse produits par l'entreprise Soylent... La fin est tragique.

Pourquoi nous, fervents défenseurs de la science et du progrès, pourquoi ne pouvons-nous imaginer un tel monde ?

Plongeons-nous dans la sémantique : la viande cellulaire signifie « viande créée par des cultures cellulaires *in vitro* de cellules animales ». Dit autrement, de la viande de laboratoire.

Pour fabriquer cette « viande », voici la liste des ingrédients nécessaires : cellules-souches pluripotentes, sérum bovin fœtal, capuchon télomère, additifs, facteurs de croissance supplémentaires comme des protéines ou des hormones, échafaudages placés dans des bioréacteurs pour permettre le développement et la spécialisation des cellules... Délicieux (!). Mais surtout effrayant, car de nombreux ingrédients utilisés dans cette recette sont interdits depuis longtemps dans la production de viande naturelle (par exemple les hormones !). Raison pour laquelle la commercialisation de la viande cellulaire est aujourd'hui interdite en Europe.

Souhaitons-nous véritablement un monde où la viande de bœuf ne serait plus issue de nos élevages mais de grandes firmes industrielles ? Adieu, vaches, moutons, couvées... Bienvenue aux bioréacteurs et aux paillasses. Accepterions-nous de nous en remettre à quelques multinationales, propriétaires de ces installations, pour nous apporter les protéines nécessaires à notre alimentation ?

Où se situe la raison ? Peut-être qu'à refuser la mort on en vient finalement à refuser la vie.

Et que penser des ferments ?

Les microbes n'ont pas bonne presse. On les redoute autant qu'ils nous effraient. Synonymes de maladie, on cherche à les éviter.

Quand Pasteur introduit dans le langage commun le mot « microbe », il n'est pas en mesure de tous les observer – les microscopes de l'époque ne le permettent pas – et pourtant il sait. Il sait qu'ils sont là et voit leur utilité. Il sait qu'il y a les « mauvais » mais aussi les « bons » microbes.

Ces microbes sont des bactéries, des champignons, ou encore des levures. Autant d'organismes de micro-taille (d'où leur nom) qui constituent cette communauté invisible que notre corps accueille avec intérêt. Ils sont des millions, qui s'activent jour et nuit, dans nos estomacs, intestins ou côlons, pour procéder à la digestion. Ils constituent le *microbiote* qu'il nous faut protéger, renouveler et diversifier et sans lequel nous ne pourrions vivre. Merci les microbes !

Ces microbes sont aussi actifs en dehors de notre corps. Il y a ceux qui vivent en symbiose avec les racines des arbres (nous vous en avons déjà parlé). Et puis il y a tous ceux qui procèdent à la magie de la fermentation des aliments. Ils les transforment, spontanément ou industriellement, pour leur donner leur valeur nutritive, leur goût et parfois leur couleur. Jusqu'à 40 % des aliments que nous consommons aujourd'hui ont subi une fermentation microbienne (pain, vin, fromage, yaourt, olive, saucisson, choucroute… et tant d'autres).

Le ferment, c'est aussi ce qui excite ou entretient une passion. Celle-là même qui anime Damien lorsque nous le rencontrons. À la tête du pôle Ferment du Futur à l'INRAE, il nous expose le champ des possibles des microbes : « Il est probablement infini. Aujourd'hui, grâce aux bactéries, on est même en mesure de produire du plastique. »

Nous restons bouche bée.

« Dans le domaine alimentaire, ils jouent un rôle de fermentation depuis des millénaires. Leurs premières traces remontent à – 9 000 avant Jésus-Christ. Mais ces dernières années, nous avons mieux appris à les connaître et même parfois à les maîtriser. »

Nous découvrons que le métier d'éleveur et de dompteur de microbes est probablement insuffisamment connu.

« D'abord les microbes permettent de libérer le plein pouvoir nutritionnel des aliments. L'alimentation ultra-transformée altère cette valeur nutritionnelle, la fermentation, qui agit comme une prédigestion, la sublime.

« Ensuite ils améliorent les caractéristiques organoleptiques. Prenez les légumineuses. Certaines d'entre elles ont parfois un goût de foin, ce que les consommateurs n'aiment guère. Un peu de fermentation et le goût évolue !

« Enfin, les microbes augmentent la conservation des aliments. Ils permettent ainsi de se passer de nombreux additifs. Le nitrite dans le jambon sera probablement demain remplacé par des microbes beaucoup plus naturels. »

Alors que Damien parle, nous regardons autour de nous, dans ces assiettes qui nous ont été servies, et plus intimement en nous : nous voyons des microbes partout.

« Aujourd'hui certains tentent même de produire du lait grâce à des microbes. Ils développent des bactéries capables de produire de la caséine, substance constitutive du lait. Imaginez un peu : du lait produit non plus par des vaches mais par des bactéries !

« On ne connaît aujourd'hui qu'une infime partie des microbes existants », conclut Damien.

« Ce n'est que le début. »

X

CITOYEN DE BON MATIN, CONSOMMATEUR PASSÉ LE QUART D'HEURE

« Les consommateurs votent trois fois par jour, au petit-déjeuner, au déjeuner et au dîner. »

Paroles de fermier, qui décrit ce pouvoir quotidien, beaucoup plus fort que celui des entreprises et même que celui des politiques.

Mais que vaut ce pouvoir face à la nécessité, elle aussi quotidienne, de se nourrir ? Se nourrir lorsque, jour après jour, montent les prix de tous les produits, y compris les essentiels. Vertige de l'inflation.

Quelle liberté de « vote », quelle possibilité concrète de choix restent alors aux consommateurs ? L'inflation, cette maudite inflation, cette peste toujours renaissante, les contraint d'aller au « moins cher », un « moins cher » qui sera toujours « plus cher » que la veille.

Comment, dans ces conditions, soutenir nos agriculteurs ?

La cohabitation des contraires

Entre les poussins et les œufs, faut-il choisir ?

Saturnin. Ce prénom vous dit certainement quelque chose. Le petit poussin jaune, celui dont nous regardions les aventures à la télévision : « Voici venir au loin votre ami Saturnin. » Des poussins comme Saturnin, on en tue environ 50 millions chaque année en France ! Ces petits poussins si mignons finissent au pilon... Victimes collatérales de notre production d'œufs.

Pour faire des œufs, il nous faut évidemment des poules, et non des coqs. Or la race des poules pondeuses donne des coqs dont la morphologie ne correspond pas à celle recherchée pour fabriquer de la chair. Ne présentant « aucune utilité », ils sont supprimés.

Ces poussins mâles sont tués dans des couvoirs, c'est-à-dire des lieux où des millions d'œufs sont élevés en attente de leur éclosion. Leur mise à mort se fait par broyage, par gazage ou autres techniques.

Depuis des années, innombrables sont ceux qui demandent l'arrêt de cette pratique, par souci du bien-être animal.

Quand j'étais ministre (Julien), nous avons pris ce sujet à bras-le-corps. Première question (jusqu'ici, c'est facile) : comment cesser de supprimer les poussins mâles ? Les tuer dans l'œuf ! Cette expression populaire n'a jamais autant fait sens.

Deuxième question (et là, c'est beaucoup plus complexe) : comment différencier un œuf portant un futur mâle d'un œuf portant une future femelle ? La nature est ainsi faite que vous avez une chance sur deux et, bien entendu, vous ne pouvez pas demander à des poules de ne pondre que des œufs femelles. Nous nous sommes tournés vers la science et avons su développer, avec nos amis allemands, une technologie qui permet d'aller regarder la couleur des plumes à l'intérieur des œufs. Oui, la couleur des plumes de l'embryon en cours de formation dans l'œuf diffère en fonction du sexe du futur poussin – sauf pour la race des poules blanches. Cette technique s'appelle la spectrophotométrie. On peut, grâce à elle, procéder à l'élimination des œufs mâles avant même leur éclosion !

Troisième question (encore plus difficile) : qui paye ? L'État aida, à hauteur de plusieurs millions d'euros, les couvoirs à installer les machines nécessaires. Mais restaient les coûts de fonctionnement de ces machines, estimés à un demi-centime d'euro par œuf, soit environ 3 centimes pour une boîte de six œufs. Il fallait bien que quelqu'un les finance. Les distributeurs, c'est-à-dire les grandes surfaces ? « Pas question ! Cela ne nous regarde pas, c'est aux producteurs de payer et non aux consommateurs. » Mais ce demi-centime par œuf, bien que faible, est un montant qui finit par être gigantesque pour qui produit des millions d'œufs et dont les marges sont souvent faibles. De multiples réunions furent nécessaires et, je peux vous l'assurer, pénibles. Un accord fut finalement trouvé : les distributeurs acceptèrent de répercuter ce coût à condition d'être assurés que tous leurs concurrents agiraient de même. Et comme nous n'allions pas passer par la loi (la loi est déjà tellement bavarde), il fut décidé de mettre en place un dispositif dont nous avons le secret : la *cotisation volontaire obligatoire*. Une cotisation volontaire (les grandes surfaces s'engagent à répercuter le surcoût) mais obligatoire (tout le monde doit le faire). Vive la France !

Des vergers arrachés

La pelleteuse jaune s'avance dans le champ de Fanny et Laure. Un lourd engin mécanique qui a du mal à se frayer un chemin entre les allées de pommiers de cette exploitation de 90 hectares au sud de Montauban, chef-lieu du département du Tarn-et-Garonne. En ce jour d'hiver, Fanny et Laure enragent. Cette maudite pelleteuse est là pour arracher 2 hectares d'arbres à goldens, ces pommes du même jaune flamboyant que l'engin qui les massacre. « Avant, on replantait jusqu'à 5 hectares de pommiers chaque année. Aujourd'hui, plus jamais. Les coûts de production ne nous le permettent pas. » Triste réalité. Satanée pelleteuse.

En ce mois de janvier 2023, la hausse des charges, liée notamment au coût de l'énergie, explose : 20 centimes d'euro par kilo. Cela peut paraître faible à l'unité, mais c'est colossal pour les producteurs. Et, comme ils n'arrivent pas à répercuter les hausses sur le prix de vente, ils n'ont d'autre choix que d'arracher.

Françoise Roch, présidente du Syndicat national des producteurs de fruits, est une femme passionnée. J'ai (Julien) souvent eu l'occasion de travailler avec elle et je lui voue respect et admiration. Ce n'est pas le genre à baisser les bras. Ses propos parlent d'eux-mêmes : « Dénonçons les centrales d'achats qui mettent des pressions folles sur les producteurs. Elles importent de la pomme polonaise à bas prix pour nous faire de la concurrence, et ne jouent pas le jeu de la production française. »

Résultat : nous n'avons jamais importé autant de fruits et de légumes dans notre pays. Aujourd'hui, plus de la moitié de la production vient d'ailleurs, avec des émissions de gaz à effet de serre en prime. En 2019, la France produisait environ 2,4 millions de tonnes de fruits et en importait 3,5 millions, dont environ 2,1 millions de fruits tempérés (non exotiques). Autant de fruits qu'on pourrait cultiver sur notre territoire s'ils étaient rentables pour les agriculteurs, c'est-à-dire payés à leur juste valeur. Mais encore faut-il l'accepter. Même situation pour les légumes.

Le saumon et la truite

Nous n'avons évidemment rien contre le saumon et confessons volontiers en consommer régulièrement, mais nous aurions aimé que Jean de La Fontaine puisse nous conter sa rencontre avec la truite. Une truite française et ce saumon venant de Norvège ou du Royaume-Uni. Les deux sont côte-à-côte sur un étal de supermarché, et la truite regarde le saumon avec jalousie. Elle aimerait tant le remplacer dans nos assiettes. Pouvoir crier partout qu'elle vient d'élevages bien plus respectueux de l'environnement que ces fermes aquacoles intensives des pays nordiques. Pouvoir expliquer qu'elle est issue, le plus souvent, d'un circuit court, qu'elle ne reçoit pas d'antibiotiques et n'est pas nourrie avec des aliments riches en toxines.

Et pourtant, rien de tout cela. Cette truite se fait phagocyter, supplanter, fumer par le saumon. C'est lui qui prend toute la place. C'est lui qui est mangé en quantité par les Français, faute de production suffisante de truites françaises. Alors, elle ne décolère pas. En France, nous produisons aujourd'hui la même quantité de truites qu'il y a quinze ans (environ 37 000 tonnes) et moins qu'il y a vingt-cinq ans (46 000 tonnes en 1997)… Interrogez les professionnels : « Les autorisations environnementales délivrées sont de plus en plus dures, et nous n'arrivons pas à augmenter les productions. » Au même moment, on n'a jamais autant importé de saumons : 88 000 tonnes venant de très grosses fermes aquacoles de Norvège et du Royaume-Uni en 2007, 138 000 tonnes en 2020 (soit une augmentation de 56 % en treize ans !).

Quelle aurait été la morale de Jean de La Fontaine ?

Les œufs de plein air, oui ; les élevages, non

Connaissez-vous le point commun entre les villages de Boucieu-le-Roi en Ardèche, de Carantec dans le Finistère et de Cœuvres-et-Valsery dans l'Aisne ? Tous les trois, comme bien d'autres, auraient pu accueillir un élevage de poules en plein air. Non pas une production en batterie, mais bien un élevage où les poules ont un accès à des champs pour vagabonder, mais parfois trop près du voisinage…

À Boucieu-le-Roi, un collectif s'est formé pour s'opposer à la venue de 26 000 poules pondeuses. Ces poules auraient disposé d'un espace de 11 hectares. Sur son site Internet, le collectif a reçu près de 22 200 protestations, certaines violentes.

À Carantec, 30 000 poules pondeuses devaient arriver, là aussi à l'air libre, et sur 12 hectares. Elles ne viendront jamais. À cause d'une opposition farouche, au motif des nuisances.

Même rejet à Cœuvres-et-Valsery, 40 000 signatures, soit autant que le nombre de poules prévues.

Dure complexité. Nous, Français, raffolons pourtant des œufs et en mangeons chacun plus de 220 par an !

* * *

Ces histoires de poussins, de vergers, de saumons et d'œufs pourraient être multipliées. Peut-être parce que nous, nous tous, ne sommes pas au clair avec les questions suivantes :

– Est-ce que je souhaite moins de produits agrochimiques ?

– Est-ce que je suis prêt à acheter des pommes pas vraiment parfaites (c'est-à-dire sans cette belle couleur uniforme, celle-là même que propose la sorcière à Blanche-Neige, ce qui devrait nous alerter) ?

– Est-ce que je souhaite que les cochons vivent tous à l'air libre ?

– Est-ce que je suis prêt à accueillir une porcherie à ciel ouvert près de chez moi ?

– Est-ce que je trouve scandaleux que les noisettes puissent être produites avec des néonicotinoïdes pulvérisés dans l'air (produit interdit en France) ?

– Est-ce que je vérifie, chaque fois que j'achète des noisettes, qu'elles ne viennent pas de Turquie (où le produit est autorisé) ?

– Plus généralement, est-ce que je souhaite une agriculture encore plus protectrice de l'environnement et des animaux ?

– Est-ce que je suis prêt à payer plus cher mon alimentation quand je le peux financièrement ?

En répondant à ces questions, ne sentez-vous pas monter en vous cette « cohabitation des contraires » qu'aime à décrire l'auteur suisse Metin Arditi ?

« Le prix de ce progrès que nous appelons tous de nos vœux, nous l'acceptons, résignés, pour les matériels de consommation ordinaire : une voiture, un téléphone portable, une console de jeux… tant d'objets pour lesquels le prix reflète l'avancée technologique associée. Rien de tel dans le domaine agricole et alimentaire… »

Paroles de fermiers.

C'est qui le Patron ?

Paris, 13 septembre 1961.

Edgar Pisani est ministre de l'Agriculture du gouvernement de Michel Debré. Il se présente à l'Assemblée nationale pour répondre aux questions des parlementaires.

Cet exercice de questions/réponses est un élément essentiel de notre vie démocratique. Les ministres sont à la disposition du Parlement ; ils ne peuvent se soustraire aux interrogations des représentants du peuple. J'ai (Julien) souvent eu l'occasion de me soumettre à cette épreuve stressante mais passionnante. Vous vous retrouvez seul, tout en bas de l'hémicycle, entouré à 180 degrés par plusieurs centaines de députés qui ne sont pas là pour vous faire de cadeaux.

Edgar Pisani, comme à son habitude, excelle. Il tient un discours particulièrement offensif. Sa vision est claire : l'agriculture ne doit plus se concentrer uniquement sur la production mais désormais s'atteler aux débouchés. Il faut partir de la demande et non de l'offre.

Voici sa conclusion : « Si demain – et l'on excusera ma boutade – le lait doit être rouge pour être vendu et les pommes carrées, il faudra que l'Institut national de la recherche agronomique se consacre à cette tâche pour que nous puissions obtenir des produits qui se vendent. »

Cette phrase m'a toujours paru aussi pessimiste qu'optimiste. Pessimiste parce qu'elle veut dire que le marché dicte sa loi. Optimiste parce qu'elle rappelle le pouvoir ultime du consommateur : *in fine*, c'est bien lui qui décide.

* * *

Si un jour vous passez à côté d'Orléans, n'hésitez pas à vous rendre à Saint-Denis-de-l'Hôtel, petit village de 3 000 habitants. Il s'y trouve une laiterie fondée au début du XXe siècle et reprise par la famille Vasseneix en 1947. Depuis lors, cette famille, dont vous pouvez voir les différents portraits en entrant dans le hall, n'a eu de cesse de développer l'activité pour atteindre un chiffre d'affaires proche du milliard d'euros avec près de 2 000 salariés. On y conditionne tous types de liquides alimentaires dans des emballages en carton ou des bouteilles.

C'est aujourd'hui le petit-fils, Emmanuel Vasseneix, qui a repris les rênes de LSDH, puisque tel est le nom de cette société. Voilà un véritable « chef d'industrie », comme on aime à les surnommer, avec une vision et un sens des responsabilités. Si LSDH compte désormais sept unités de production, celle de Saint-Denis-de-l'Hôtel est vraiment impressionnante. Profitez de la Journée mondiale du lait, début juin, pour venir la visiter. On vous y accueillera volontiers.

Pourquoi vous parler de LSDH ? Tout simplement parce que les responsables de cette laiterie ont toujours eu cette conviction : ne pas rémunérer assez les fermiers, c'est tuer à court terme l'industrie laitière.

Dès 2016, LSDH a rejoint l'aventure « C'est qui le Patron ? ». Cette belle initiative, vous la connaissez. Elle se matérialise par ces briques de lait bleu et blanc présentes dans la plupart des supermarchés. Elles rappellent au consommateur qu'il a le pouvoir. C'est lui qui décide des produits qu'il veut voir commercialisés : quelle qualité, dans le respect de quels critères… Ces décisions seront reprises dans les process de fabrication, *en répercutant*, chose essentielle, les coûts impliqués dans le prix de vente. Sur le site Internet de l'initiative, vous pouvez voter pour le cahier des charges des produits et dialoguer directement avec les producteurs et fabricants.

Oui, « C'est qui le Patron ? » apporte la preuve qu'il est possible de réconcilier le citoyen et le consommateur.

* * *

La part moyenne du budget d'une famille réservée à l'alimentation est passée d'environ 35 % du revenu en 1960 à 17 % aujourd'hui.

Qui a été ministre du Logement juste avant d'être chargé de l'Alimentation sait précisément qu'entre un toit et un repas correct, pour beaucoup de nos concitoyens, il faut malheureusement choisir.

Quelle plus grande inégalité sociale que l'accès à l'alimentation, alors que 8 millions de nos concitoyens n'ont pas la capacité financière de faire face à son coût, dont 1 million chez les 18-25 ans ?

Ces derniers mois, face à une inflation alimentaire galopante, la consommation des ménages a chuté de manière vertigineuse (moins 12 %, selon l'INSEE, entre janvier 2022 et juillet 2023), atteignant son plus bas niveau depuis près de quinze ans. D'innombrables produits alimentaires sont devenus inaccessibles pour une grande partie de nos concitoyens. Que dire de la dégringolade de la consommation de produits bio, pourtant à la pointe de la protection de l'environnement ? Partout dans nos campagnes, des agriculteurs, par exemple des éleveurs laitiers, ne trouvent plus preneurs pour leurs produits. Ils en viennent à faire le chemin inverse et à quitter le label bio. Ce retour en arrière sera, n'en doutons pas, définitif.

Comme nous l'avons écrit, de nombreux concitoyens ne mangent pas à leur faim. Mais la solution ne pourra venir d'une baisse du prix payé à nos agriculteurs. Dès lors qu'on leur demande de monter en gamme, de toujours mieux protéger l'environnement, de mieux prendre soin des animaux, de lutter contre le changement climatique, on ne peut exiger au même moment qu'ils produisent pour moins cher.

Cette réalité nous oblige à dissocier ce qui relève d'impérieuses politiques sociales (pour accompagner les plus fragiles) de ce qui doit venir d'une acceptation collective (payer son alimentation à sa juste valeur car les politiques sociales ne peuvent être financées par l'apprauvissement continu des agriculteurs). Entre les deux, la politique économique doit jouer pleinement son rôle et s'assurer qu'aucune rente ne se forme chez les industriels ou la grande distribution. C'est là un véritable combat.

Notre survie dépend d'un impitoyable combat

D'abord, il y a, ou il devrait y avoir, LA VALEUR.

Si la valeur est, d'après le *Dictionnaire de l'Académie française*, « ce que vaut une chose, suivant la juste estimation qu'on peut en faire », nul doute que les produits de l'agriculture devraient être reconnus, parmi tous les objets et services, comme ayant le plus de « valeur ». Pour une raison très simple et radicale : privée de nourriture, toute espèce vivante meurt.

Cette évidence qu'est la nécessité, donc la valeur première, de la nourriture s'applique à toutes les dimensions : la cellule, nos corps et notre planète.

Drôle d'époque que la nôtre, où l'entreprise la plus « valorisée » par les Bourses mondiales tire ses plus beaux profits en fabriquant des… sacs (de luxe) !

Invraisemblable période où la protection de la Nature n'est toujours pas composante essentielle de la valeur des produits consommés. Combien de temps faudra-t-il encore attendre avant que n'y soit intégrée la protection du climat et de la biodiversité ?

Vient ensuite LE COÛT, en d'autres termes la somme des frais qu'entraîne la fabrication de la nourriture, depuis « le champ jusqu'à l'assiette », pour reprendre l'expression désormais consacrée. Ce coût est fonction non d'appréciations sujettes à caution, mais de *données réelles*, et d'abord du prix de toutes les matières premières employées au cours des trois étapes qui aboutissent à la consommation : *production brute* (l'apport des paysans), *transformation* (industrie agroalimentaire), (grande) *distribution.*

Le coût dépend bien sûr de la qualité des matières premières et de la productivité de chacun des acteurs de la chaîne.

Il dépend aussi des *lieux* où se déroule cette chaîne, chaque lieu, chaque pays, chaque région offrant des conditions différentes (par exemple, le coût du travail, de l'énergie, de l'emprise des réglementations...).

Arrive enfin LE PRIX. Ou plutôt, LES PRIX : celui auquel l'industriel achète au paysan, celui auquel l'industriel vend au distributeur, celui auquel le distributeur vend au consommateur. Trois batailles, trois contradictions d'intérêt, chacun des acteurs voulant préserver sa *marge*, condition de sa survie (ou du maintien de sa fortune).

Le prix viendra toujours de rapports de forces, une guerre où les agriculteurs, par nature dispersés, seront deux fois démunis :

– face aux « centrales d'achats », les bien-nommées.

– et face à l'alliance des distributeurs et des consommateurs, pour un chantage aux *prix bas*. Comment rester insensible à la demande d'un cabas toujours moins cher ? Les *économies* ainsi réalisées permettront aux plus fragiles de ne pas souffrir de faim (qui oserait s'y opposer ?). Quant aux autres, moins tenaillés par le besoin, ils pourront libérer des disponibilités pour d'autres achats.

Les enjeux sont bien identifiés avec cette bataille entre LA VALEUR, LES COÛTS et LES PRIX. Dans cette bataille s'affrontent trois personnages : l'agriculteur, l'industriel et le distributeur. Prenons un pot de yaourt vendu dans un supermarché. Le distributeur (Leclerc, Intermarché, Casino…) achète ce pot de yaourt à un industriel (Danone, Lactalis, Yoplait…) qui, pour fabriquer ce yaourt, achète lui-même du lait à un agriculteur (éleveur de vaches laitières).

Pour fixer le prix final du yaourt, il faut donc que ces trois personnages négocient. Et, comme dans tout ménage à trois, surtout quand il s'agit de parler d'argent, cela finit généralement mal…

Combien de fois la même histoire nous a-t-elle été contée ? L'agriculteur demande à l'industriel de payer mieux son lait. L'industriel donne son accord, mais à condition que le distributeur accepte d'acheter ses yaourts plus cher. Et c'est là que le bât blesse car le distributeur répond à l'industriel : « Il n'en est pas question. Si je vous paye plus cher, vous garderez la marge pour vous et ne la rétrocéderez pas à l'agriculteur. » L'industriel se retourne donc vers l'agriculteur et refuse l'augmentation de prix.

Dure loi de la nature appliquée à l'économie de marché : c'est le plus petit qui trinque.

Ces dernières décennies, les industriels et les distributeurs (sauf exceptions) ont tout fait pour préserver leur marge en rognant encore et encore celle des agriculteurs. C'est précisément pour cela que, dans un monde libéral (qui a permis de réduire le coût de l'alimentation, ne l'oublions pas), il faut absolument préserver l'agriculteur.

La loi EGalim (adoptée en octobre 2021) a permis de bloquer les prix de la matière agricole dans ces négociations à trois (cela veut dire que le distributeur et l'industriel n'ont plus le droit de réduire leurs tarifs sur le dos des agriculteurs).

Une vraie loi communiste, diront certains, et ils ont raison. Comme quoi une dose de communisme dans une économie libérale ne fait jamais de mal.

* * *

Écoutons aussi la voix de nos territoires.

Au tout début du XXe siècle, il était une fois un certain M. Jean, cultivateur de quarante-huit ans. « Pour apporter un peu de prospérité au pays Bigouden », il décide d'ouvrir une conserverie de légumes dans son village de Pouldreuzic. Bientôt, l'idée lui vient de faire appel à l'autre ressource de la région, le porc. Et c'est ainsi que naît un pâté de légende, le plus fidèle compagnon de nos repas et pique-niques. Depuis quatre générations, les Henaff et leur équipage n'ont cessé de diversifier l'entreprise, notamment avec la récolte d'algues pour les plus grands restaurants, des plats pour les stations spatiales, et toujours dans un respect accru des pratiques et de l'ancrage territorial.

Trente ans plus tard, non loin de là (commune de Landrevarzec), il était une fois un certain M. Yves, charcutier de son état. Personnalité dynamique, il ouvre un atelier de salaison. Aujourd'hui, Christian Guyader, son petit-fils, anime une entreprise de 490 salariés, offrant une gastronomie de qualité, terrestre et marine, salée et sucrée.

Deux exemples de cette « agro-industrie » vilipendée par certains, deux parfaits boucs émissaires étranglés entre la demande légitime des paysans, les distributeurs obsédés par leurs marges, les consommateurs accablés par l'inflation.

Dans la course aux prix bas, ces « industriels », petites et moyennes entreprises qui émaillent nos territoires, doivent aussi être écoutés. Voici leur parole.

Les coûts ont explosé : l'énergie, par exemple, avec des prix doublés ; les transports (+ 40 %) ; l'emballage souhaité, à juste titre, recyclable (+ 20 %) ; la matière première agricole…

De nombreux distributeurs n'en ont pas moins maintenu leur pression en imposant les marges les plus fortes sur ces rayons. Conséquence, les rentabilités s'érodent, les trésoreries se vident, jusqu'à la défaillance (plusieurs dizaines de telles sociétés ont, l'année dernière, fermé boutique).

Ne nous y trompons pas : cette évolution condamne à terme tout un écosystème, bâti patiemment depuis plus de cent ans, et qui unit les cultivateurs, les éleveurs, les pêcheurs et ce maillage d'entreprises à la dynamique et à l'emploi du territoire. On devine l'alternative, trop connue dans d'autres secteurs, l'enchaînement maudit : faillites, concentration, gigantisme, importations.

Et si nous arrêtions de jouer au mistigri ?

Ce jeu bien connu repose sur un principe simple : se débarrasser au plus vite de la mauvaise carte, « le mistigri », si par malheur vous l'avez reçue. Je (Julien) me souviens de parties qui durèrent jusque tard dans la nuit. Je les ai retrouvées quand j'étais ministre. Le jeu était devenu pratique commerciale. Avec toujours le même perdant.

C'est le distributeur qui reçoit en premier le mistigri. Il peut s'agir d'une nouvelle réglementation ou d'une demande du consommateur. Par exemple le souci d'une meilleure protection de l'environnement ou du bien-être animal.

Le distributeur va alors s'empresser d'envoyer le mistigri à l'industriel, charge à celui-ci de satisfaire aux nouvelles exigences. Et l'industriel le refilera aux agriculteurs, qui, en bout de chaîne, ne peuvent le transmettre à d'autres. Les agriculteurs se retrouvent donc écrasés sous le poids, insupportable, d'innombrables mistigris.

Une nouvelle économie est en train de naître, celle de *la data*. On pourrait tout aussi bien l'appeler l'économie de la donnée. Des entreprises spécialisées auscultent une à une toutes les étapes qui, du champ à l'assiette, permettent de nourrir une population. Ainsi, chaque secteur se retrouve devant ses responsabilités et ne peut se cacher derrière son petit doigt. Le mistigri a du souci à se faire.

Espérons-le. D'autant plus qu'un partage des responsabilités est possible.

Nous avons tous appris à chanter la comptine *Meunier tu dors* composée au début du XXe siècle et tirée d'une chanson de Léon Raiter et Fernand Pothier. Mais connaissons-nous le métier de meunier ? Il consiste à transformer le grain de blé pour en faire de la farine. Travail ancestral, pont entre l'agriculteur et l'artisan boulanger, il repose sur les moulins où s'opère cette métamorphose.

Au début du XXe siècle, la France comptait plus de 15 000 moulins à vent. Seuls 5 000 sont encore debout, dont uniquement quelques dizaines tournent aujourd'hui, épisodiquement, pour le folklore. Ces moulins ont laissé la place à des minoteries (les moulins modernes), au nombre de 430, produisant un peu plus de 4 millions de tonnes de farine de blé par an. Mais le travail ne se limite pas à moudre. Les meuniers disposent d'un savoir-faire très précis. Chaque farine suit une recette, composée d'un savant mélange de variétés de blés. En fonction du dosage de chaque variété, la farine verra sa qualité modifiée, son utilisation aussi (baguettes classiques ou traditions, viennoiseries ou brioches, biscuits artisanaux ou industriels…). Pour réaliser leur travail, les meuniers ont besoin de recevoir des variétés de blé « pures ». Ils les classent, les entreposent et ensuite procèdent au savant mélange. C'est là que l'impasse naît.

Les meuniers ont imposé aux agriculteurs de cultiver des champs ne contenant qu'une seule variété de blé. Des champs uniformes. Or le manque de diversité fragilise considérablement les cultures et est propice aux maladies et impose donc des traitements, notamment chimiques.

En 2017, un grand groupe français de meunerie, Soufflet, décida de se saisir du sujet et d'ôter le mistigri des épaules des agriculteurs. Il eut l'idée pertinente de mélanger les variétés non pas dans le moulin mais directement dans le champ. Le MMS, « Mélange Moulins Soufflet », vit le jour, correspondant à un ensemble de 5 variétés de blé plantées dans le même champ.

Les bénéfices ne se sont pas fait attendre, tant pour l'agriculteur, avec moins de fongicides à utiliser, que pour les meuniers, qui bénéficient de récoltes plus régulières et de qualité. Ce mélange évolue chaque année pour améliorer les performances et s'adapter aux recettes de farines.

D'autres semenciers ont emboîté le pas. Aujourd'hui, près de 17 % des surfaces de blé en France résultent d'un mélange de plusieurs variétés. Et cette surface ne cesse de croître.

Conclusion

Au terme de notre voyage, une question s'imposait : toutes ces contradictions dont nous avons si patiemment dressé l'inventaire n'ont-elles pas une source unique, une « erreur » première, d'où toutes les autres découlent ?

Alors nous avons gagné Lipp, l'historique brasserie parisienne. Un vaillant centenaire nous y attendait, en compagnie de sa très savante et chaleureuse épouse. Edgar Morin et Sabah Abouessalam. Qui mieux que le grand défenseur de la pensée complexe et la spécialiste des villes pouvaient nous indiquer le chemin ? Edgar, affamé, était en train de passer commande : « Céleri rémoulade et choucroute ? Parfait, monsieur Morin. Et pour suivre, fromage ou dessert ? Les deux ? Mais bien sûr, monsieur Morin ! Roquefort ET baba ? Excellent choix, si je puis me permettre, d'autant que nous proposons une nouvelle recette de Chantilly dont vous me direz des nouvelles ! »

Edgar entra dans le vif du sujet, à savoir Blaise Pascal (1623-1662). Bien mieux, et bien moins dangereusement que Descartes, il avait expliqué ce que penser veut dire. Et d'abord, en nous rappelant, nous, les Hommes, à la modestie.

Pour Pascal, cette Raison, dont nous sommes si fiers, atteint vite ses limites. *Cogito ergo sum*, je pense donc je suis. Parfait, c'est plutôt réjouissant de vérifier que l'on existe, mais penser ne nous libère pas de l'angoisse. La Foi en Dieu, par exemple, ne nous viendra d'aucune démonstration. Elle implique de parier sur Son existence.

Cette modestie empêche les vertiges de l'orgueil. Pas question, comme Descartes, de nous sentir, et vouloir, « maîtres et possesseurs » de la Nature et de considérer les animaux comme des « machines ».

Et c'est ainsi que Pascal rejoint Montaigne (1533-1592), l'humaniste par excellence. Capable de penser contre lui-même. Anticolonialiste alors que maire de Bordeaux, enrichi par le commerce d'esclaves…

Comment ne pas admettre que la seule vérité est COMPLEXE, que le contraire d'une vérité puisse être une vérité contraire ?

L'évidence nous est venue : entre deux bouchées de choucroute, Edgar nous donnait des leçons d'avenir en continuant la pensée des deux géants Pascal et Montaigne.

Comment trouver un merci assez grand pour dire notre gratitude au plus que centenaire ? Notre voie était confirmée, décidément la seule qui vaille, celle des contradictions, scrupuleusement répertoriées puis courageusement assumées.

De retour chez nous, une visite aux dictionnaires s'imposait.

Complexus vient de *com* (qui veut dire avec) et *plecto* (qui veut dire tisser, natter, enlacer). La complexité désigne donc ce qui est « tissé ensemble ».

Complexe, comme la Vie.

Laquelle s'arrête net, faute de « tisser ensemble » le cœur et les reins, le cerveau et le sang, l'animal qu'on appelle être humain et son environnement.

Appliquée à notre sujet, la leçon d'Edgar Morin est claire : nous avons changé les « contradictions », inséparables de la Vie même, et constitutives de son dynamisme, en « injonctions contradictoires ». Pour être nourris par les agriculteurs, nous acceptons qu'ils « exploitent » la Nature mais, dans le même temps, nous leur enjoignons de la protéger.

Entre les paysans et notre pays, le lien s'est déchiré. Remplacé, trop souvent, par un nauséabond mélange de nostalgie, de mépris et d'accusation.

Il est temps, plus que temps, de retisser.

Promenez-vous en France. Sur tout notre territoire, les agriculteurs changent leurs pratiques. Bien sûr, nous voudrions que la transition, nécessaire, s'accélère. Mais commençons par reconnaître la réalité : jamais les nouvelles normes de protection de l'environnement n'ont été si contraignantes et les délais si courts pour les mettre en œuvre. À tel point que bien des agriculteurs jettent l'éponge et dissuadent leurs enfants de reprendre la ferme, telle est la réalité... Mais l'autre réalité est que nous n'avons pas le choix. Il nous faut continuer à changer, sans baisser le rythme. On ne peut pas tergiverser avec la Nature.

Voilà pourquoi un pacte s'impose entre la société et le monde agricole, ce pacte que nous n'avons pas réussi à construire ces dernières décennies. Ce pacte que d'autres avant nous, tel Hervé Pillaud, proposent. Un pacte qui redonnerait considération et respect aux agriculteurs, un pacte qui comprendrait et donc accompagnerait leur belle mission de nourrir au lieu de sans cesse les dénigrer. Un pacte qui réconcilierait le consommateur avec le citoyen en faisant reconnaître à ce dernier que ces transitions ont un coût et qu'il faut donc accepter des prix justes. Un pacte qui, par l'éducation, redonnerait sa valeur à l'alimentation. Un pacte qui s'appuierait sur toujours plus de science pour soutenir la troisième révolution agricole qui, seule, permettra de réduire drastiquement les produits phytosanitaires. Un pacte qui évaluerait sans complaisance la théorie de Ricardo et ses « avantages comparatifs » pour en finir avec ces prétendues « règles » internationales, qui, en fait, ne font que défendre la jungle des compétitions déloyales. Un pacte qui sacraliserait le « renouvellement de la ressource », comme le préconisaient les physiocrates. Un pacte qui s'appuierait sur la justesse des mots pour écrire un récit en commun. Un pacte avec la Vie ou, plutôt, avec notre survie.

Un tel pacte est possible. Nous en avons esquissé les contours.

Le formidable enseignement offert dans les lycées agricoles en jette les bases, théorie et pratique mêlées, parcours scolaires et programmes de formation.

Ce pacte, les agriculteurs sont les premiers à le demander. Aidons-les à nous aider ! Sans ce pacte, sans retrouver une confiance mutuelle, une ambition commune, qui, parmi les jeunes, voudra s'engager dans ce métier exaltant, merveilleux, mais difficile et peu rémunérateur ? Épargnons-nous ce cauchemar : si nous perdons nos agriculteurs, qui nourrira la France ? Et de quelles sortes de « nourritures » ? Avec quelles conséquences environnementales ?

Remerciements

D'abord, à l'évidence, merci à Cécile. Présente dès le premier jour du projet. Lectrice ô combien positive mais plus encore implacable, coutumière des commentaires du genre : « Ce paragraphe, là, vraiment, je ne le sens pas » ou « Comment peut-on à la fois tant se redire et tant manquer de clarté ». Merci du fond du cœur, Cécile. D'autant que Respect ! Ingénieure des eaux et forêts, tu connais la musique et partages notre passion. Sans toi, rien de tout cela n'aurait été possible. Merci du fond du cœur Cécile, merci pour tout.

Merci à Héloïse, Maxime, Agathe et Gaspard pour votre patience et ce bonheur absolu que vous m'offrez (Julien) au quotidien.

Merci à toutes celles et tous ceux qui nous ont nourris, et pas que de pain, de leurs expériences, de la franchise de leurs bilans. Ce livre est un voyage, dont chaque chapitre est une rencontre.

Benoît, Damien et Richard pour leurs conseils avisés.

Périco Légasse, Serge Zarka, Hervé Le Bras, Huguette Boissonat Pelsy, Guillaume Gomez, Philippe Maugin, Anne-Claire Vial, Grégory Cohen, Éric Thirouin et sa dream team, Sébastien, Pierre et Damien pour leur regard et partage.

Bruno Dufayet, son épouse et leur fils Abel, François Mandin et ses équipes, pour leur passion communicative.

Olivier et Clément, ainsi qu'Arthur pour cet inoubliable voyage.

Sophie et Clémence pour leur complicité.

Hervé Pillaud pour l'ensemble de son œuvre.

Patricia Darjo et ses fabuleuses équipes pédagogiques.

Chantal et ses talents culinaires.

Edgar Morin et Sabah Abouessalam pour leur éclairage sur la Vie.

Merci aux agriculteurs de notre pays, aux acteurs de la chaîne alimentaire, mais aussi aux chercheurs et scientifiques pour leur travail de tous les jours. Nous vous devons tant et ne l'oublions pas.

Et surtout Anavril, Anavril Wollman. Cette jeune dame, et déjà très savante, reçut, sans doute du diable, la terrible mission de nous éditer. C'est-à-dire de calmer nos digressions, de couper nos répétitions, de clarifier notre propos et surtout, surtout de trouver entre nous, Julien et moi, et sans 49.3, un terrain d'accord quand nos opinions divergeaient trop. Merci, Anavril ! Tu as réuni nos chemins pour en faire ce livre. D'après nos informations, une place t'est réservée au ciel des négociateurs.

Et puis comment imaginer, à la voir si jeune, que nous avons déjà œuvré à tant de livres ensemble, tant d'explorations de notre planète folle, ces petits précis de mondialisation dont celui-ci est… le huitième ! À qui faut-il exprimer sa gratitude, dans ces cas-là, à des personnes en particulier ? Ou d'abord à la Vie, cette incroyable aventure qui m'a (Érik) fait, un très beau jour, croiser le chemin d'une certaine Sophie, tout juste sortie d'une École de la rue d'Ulm ? Julien, qui connaît les présidents, confirme : vive la PDG de Flammarion !

Table

II
Ne plus respecter qui nous nourrit

III
Importer ce que nous nous interdisons de produire

IV
Produire, ne pas produire : telle est la fausse question

V
Une Europe si contradictoire et pourtant si nécessaire

VI
Consommer des ressources de plus en plus rares

VII
Dans une société prise en otage par l'immédiat, n'oublions surtout pas le temps

VIII
Au pays de Pasteur, ne plus faire confiance à la science

IX
La paille et la poutre

X
Citoyen de bon matin, consommateur passé le quart d'heure

Du même auteur (Érik Orsenna)

Loyola's blues, Seuil, 1974 ; Points, 1998, 2015.
La vie comme à Lausanne, Seuil 1977 ; Points, 2007, 2015.
Une comédie française, Seuil, 1980 ; Points 1998, 2006, 2014.
Ville d'eaux, en collaboration avec Jean-Marc Terrasse, Ramsay, 1981.
L'exposition coloniale, Seuil, 1988 (Prix Goncourt) ; Points 1995, 2006, 2014, 2020.
Besoin d'Afrique, en collaboration avec Éric Fottorino et Christophe Guillemin, Fayard, 1992.
Grand amour, Seuil, 1993 ; Points 2006.
Rochefort et la corderie royale, photographies d'Eddie Kuligowski, CNMHS, 1995 ; Chasse-Marée, 2009.
Histoire du monde en neuf guitares, accompagné de Thierry Arnoult, Fayard, 1996, 2004 ; Le Livre de Poche, 2008.
Mésaventure du paradis. Mélodie cubaine, photographies de Bernard Matussière, Seuil, 1996 ; Points, 2005.
Deux étés, Fayard, 1997 ; Le Livre de Poche, 2009.
Longtemps, Fayard, 1998 ; Le Livre de Poche, 2007.
Discours de réception à l'Académie française, et réponse de Bernard Poirot-Delpech, Fayard, 1999.
Portrait d'un homme heureux, Fayard, 2000, 2013 ; Folio, 2002.
Album Le Nôtre, Fayard, 2001.
La grammaire est une chanson douce, Stock, 2001, 2005 ; Le Livre de Poche, 2003.
Madame Bâ, Fayard, 2003 ; Le Livre de Poche, 2008.
Les chevaliers du subjonctif, Stock, 2004 ; Le Livre de Poche, 2006.
Dernières nouvelles des oiseaux, illustrations de Santiago Morilla, Stock, 2005 ; Le Livre de Poche, 2007.

Enezenn al Lavar, Preder, 2005.
Portrait du Gulft Stream, Seuil, 2005 ; Points, 2006.
Voyage au pays du coton. Petit précis de mondialisation I, Fayard 2006 ; Le Livre de Poche, 2007.
A380, photographies de Peter Bialobrzeski, Laurent Monlaü, Isabel Muñoz, Mark Power, Fayard 2007.
Kerdalo, le jardin continu, avec Isabelle et Thimothy Vaughan, photographies de Yann Monel, Ulmer, 2007.
La révolte des accents, Stock, 2008 ; Le Livre de Poche, 2009.
Courrèges, Éditions Xavier Barral, 2008.
La chanson de Charles Quint, Stock, 2008 ; Le Livre de Poche, 2009.
L'avenir de l'eau. Petit précis de mondialisation II, Fayard 2008 ; Le Livre de Poche, 2010.
Et si on dansait ?, Stock, 2009 ; Le Livre de Poche, 2010.
L'entreprise des Indes, Stock/Fayard, 2010 ; Le Livre de Poche ; 2011.
Princesse Histamine, illustrations d'Adrienne Barman, Stock, 2010 ; Le Livre de Poche Jeunesse, 2012.
Sur la route du papier. Petit précis de mondialisation III, Stock, 2012 ; Le Livre de Poche, 2013.
La fabrique des mots, Stock, 2013 ; Le Livre de Poche, 2014.
Mali, ô Mali, Stock, 2014 ; Le Livre de Poche, 2015.
La vie, la mort, la vie – Louis Pasteur 1822-1895, Fayard 2015 ; Le Livre de Poche, 2017.
L'origine de nos amours, Stock, 2016 ; Le Livre de Poche, 2017.
ATD Quart monde. Unis contre la misère, La Martinière, 2017.
La fontaine. Une école buissonnière, Stock, 2017 ; Le Livre de Poche, 2019.

Géopolitique du moustique. Petit précis de mondialisation IV, Fayard, 2017 ; Le Livre de Poche, 2019.

Désirs de villes. Petit précis de mondialisation V, avec Nicolas Gilsoul, Robert Laffont, 2018.

La Fabrique du neuf, avec Stéphane Quéré, Le Cherche Midi, 2018.

Les vérités fragiles, Éditions de l'Aube, 2018, 2019.

Voyage au pays des bibliothèques, avec Noël Corbin, Stock, 2019.

Beaumarchais. Un aventurier de la liberté, Stock, 2019 ; Le Livre de Poche, 2021.

Briser en nous la mer gelée, Gallimard, 2020 ; Folio, 2021.

Cochons. Voyage aux pays du vivant. Petit précis de mondialisation VI, Fayard/Stock, 2020 ; Le Livre de Poche, 2022.

La passion de la fraternité. Beethoven, Stock, 2021 ; Le Livre de Poche, 2023.

La terre a soif. Petit précis de mondialisation VII, Fayard, 2022.

Les mots immigrés, avec Bernard Cerquiglini, illustrations de François Maumont, Stock, 2022 ; Le Livre de Poche, 2023.

Histoire d'un ogre, Gallimard 2023.

La chanson de l'eau (Les harpes n'gombi), Cambourakis, 2023.

NORD COMPO
multimédia

Composition et mise en pages
Nord Compo à Villeneuve-d'Ascq

Achevé d'imprimer en janvier 2024
par Normandie Roto Impression s.a.s.
61250 Lonrai
N° d'impression : 2304714
N° d'édition : 613895-0
Dépôt légal : février 2024

Imprimé en France